Monsieur JOSSE

A Travers Lyon

Préface de M. COSTE-LABAUME

A TRAVERS LYON

Tiré à 350 Exemplaires

Monsieur JOSSE

A

Travers Lyon

Préface de M. COSTE-LABAUME

LYON

A. STORCK, IMPRIMEUR-ÉDITEUR

Rue de l'Hôtel-de-Ville, 78

1887

PRÉFACE

Lyon est une ville heureuse ; on a beau en médire, l'appeler la capitale du brouillard, signaler à l'étranger et au voyageur ses rues étroites, ses maisons sombres et ses pavés pointus, car la légende dure toujours, — notre vieille cité trouve facilement une revanche de ces critiques et de ces dédains, dans la respectueuse admiration de ses enfants, fiers de leur origine.

Être Lyonnais, *Lugdunensis*, est un titre dont nos compatriotes se parent avec un orgueil qui rappelle le *civis Romanus* de leurs ancêtres. Quant aux Lyonnaises, on sait qu'elles ne se décident presque jamais à s'éloigner du dôme de l'Hôtel-de-Ville ou du clocher de Saint-Jean et qu'elles ne disent « oui » au mariage que si le contrat porte cette clause essentielle « les futurs époux habiteront Lyon ».

A quoi tient cet inaltérable attachement ?

Ce n'est pas, à coup sûr, aux séductions d'un climat maussade, glacial en hiver, brûlant en été, irrégulier et fantasque au printemps ; ce n'est pas davantage à l'attrait des plaisirs et des fêtes, puisque la seconde ville de France jouit de la réputation méritée d'une ville où l'on s'ennuie.

Marseille a plus de mouvement, Bordeaux plus de gaieté, Nice plus de soleil, Toulouse plus de chanteurs.

Non, ce que le Lyonnais aime à Lyon, c'est la sûreté des relations, la solidité des amitiés que voile une apparente froideur, le charme discret et durable de la vie de famille et de ses vertus domestiques; ce qui le retient et le fixe au sol natal, en dépit de l'humidité et du brouillard, c'est l'ineffaçable sentiment d'atavisme, l'indestructible lien qui, à travers les âges, le rattache aux luttes, aux souffrances, aux joies et aux actes héroïques de ses pères.

Nous ne pensons pas qu'il existe une ville, en France, où les traditions séculaires aient marqué d'une empreinte plus forte l'esprit et le caractère de ses habitants.

On retrouve, dans le Lyonnais de nos jours, une image effacée et pâlie sans doute, par le frottement des siècles, mais une image fidèle, dans ses principaux traits, du Lyonnais de la féodalité ou des Valois, sinon du Lyonnais des Burgondes.

C'est le même tempérament passionné sous des allures réfléchies, conservateur et révolutionnaire à la fois, associant dans une alliance singulière un égoïsme intraitable et une générosité sans borne ; ménager d'argent, soucieux du lendemain, invinciblement attaché aux idées de franchise, d'indépendance, de particularisme même, qui firent si longtemps de Lyon une sorte de ville libre s'administrant elle-même, et payant de son or ou de son sang le droit d'être maîtresse chez elle et de vivre à son gré.

L'histoire de ces sacrifices et de ces luttes, le Lyonnais la retrouve écrite dans les pierres de ses édifices, dans les coins et recoins de ses vieux quartiers, dans ses rues étroites et escarpées où les maisons, étagées l'une sur l'autre, reposent sur les assises des monuments de Charlemagne ou sur des tombeaux romains.

Quel brouillard effacerait ces souvenirs ?

Voilà le secret de l'amour du Lyonnais pour Lyon ; amour instinctif, inconscient peut-être pour beaucoup, sorte de patriotisme accumulé et concentré qui, se perpétuant de générations en générations, exerce son influence et sa séduction sur ceux mêmes qui le nient.

Cite-t-on beaucoup de Lyonnais qui s'en aillent sans esprit de retour ?

Et la plupart de ceux que l'on ne revoit plus, ne tiennent-ils pas à laisser à leur ville natale un gage d'impérissable souvenir ?

Qu'il nous suffise de citer le major Martin qui, du fond des Grandes-Indes, consacrait une partie de sa fortune aux Lyonnais de l'avenir ; sans compter tous les fondateurs d'œuvres d'assistance et de secours dont les noms formeraient une véritable litanie.

On ne doit donc pas s'étonner qu'une ville, objet de tant d'affection et de respectueuse tendresse, ait ses historiens, ses commentateurs, ses archéologues et ses poètes.

Si Pétrarque dédiait ses sonnets à Laure, Soulary, fils de Pétrarque, a inscrit le nom de Lyon en tête de ses fines ciselures.

> Lyon retient de même, en ses bras maternels
> Deux jumeaux s'exécrant comme ennemis mortels :
> L'un se nomme Travail et l'autre Rêverie,
> Mais ce couple intraitable en moi s'est embrassé,
> Du jour qu'entre eux, ton front grave et doux s'est glissé,
> Demandant le baiser d'amour, cité chérie !

Quant aux simples prosateurs, quel est le Lyonnais qui tenant une plume, n'a pas consacré quelques pages à la « cité chérie » ?

Les uns ne mesurant ni leur labeur ni la patience du

lecteur ont écrit son histoire en solennels in-folios, d'autres se sont contentés d'études moins lourdes, de volumes plus minces, de brochures, de plaquettes ou de simples articles de revue.

Le langage lyonnais a fourni la matière d'un dictionnaire du Gourguillon (*Puitspelu scripsit*) infiniment plus intéressant et plus complet, surtout, que le dictionnaire de l'Académie officielle.

Tous ont fouillé, tour à tour, dans les manuscrits et les archives pour découvrir un document inédit, une étymologie nouvelle qui vint éclairer un de ces points obscurs autour desquels nos archéologues se livrent de si terribles batailles. Combien de papier n'a-t-on pas noirci à propos du nom seul de Lyon ?

Lugdunum signifie-t-il le *Mont-Corbeau* ou la *Cité des Lagunes* ?

Gardons nous d'approfondir ces mystérieux problèmes dont l'étude passionnée et toujours nouvelle démontre mieux que toute glose le sentiment de vénération qu'éprouvent les Lyonnais pour tout ce qui touche aux origines, à l'existence et aux gloires de leur antique berceau.

S'il en fallait un nouveau témoignage, vous le trouveriez dans ces *Promenades à travers Lyon*, que l'auteur a bien voulu nous charger de présenter au public.

Précaution inutile, disons le vite. M. Bleton-Josse n'avait guère besoin d'un héraut. Son livre *A travers la France*, son *Histoire populaire de Lyon*, ses recherches intéressantes sur les finances lyonnaises avant 1789 constituaient des titres tels que ces quelques pages ne sauraient y ajouter grand renom.

La seule justification de cette préface, c'est que nous

fûmes témoin de la naissance des *Promenades lyonnaises*.

Appelé jadis à la direction du plus vieux des journaux de Lyon, l'idée nous était venue de stimuler le palais du lecteur un peu blasé par les gargarismes de la politique, en lui servant, chaque jour, un plat du crû.

Pendant une année, sous le titre de *Tablettes lyonnaises*, le *Courrier de Lyon* publia donc, tous les soirs, un article traitant de Lyon, des choses de Lyon et des hommes de Lyon.

La tâche n'était pas des plus aisées, dans une ville peu mouvementée, peu mondaine, où font défaut les incident qui alimentent la chronique des Echos de Paris ou de toute autre capitale. Aussi fallut-il faire appel à l'imagination et au zèle de plusieurs collaborateurs pour soutenir le programme annoncé. Chacun avait choisi son jour et adopté son genre, suivant ses affinités et ses aptitudes.

Celui-ci commentait de sa plume alerte et acérée l'événement de la journée ou de la veille ; celui-là se livrait à l'exploration fantaisiste ou pittoresque du Lyon inconnu, un autre glanait dans ses souvenirs les miettes de l'histoire locale. Monsieur Josse, lui, s'était réservé le dimanche pour conduire le lecteur, bras dessus bras dessous, à travers les rues, les places, les quais, les montées et les descentes de notre bonne ville.

Ces promenades familières plurent rapidement, grâce à leur bonne humeur, à leur tour aisé, à leur érudition solide et sans pédantisme, relevée d'une pointe de malice. Monsieur Josse n'avait garde d'oublier, en effet, qu'un vrai Lyonnais doit rire en dedans, sans avoir l'air de trop y toucher, des travers de ce bas monde, et, en plus d'une page, sa raillerie gauloise savait viser juste.

Ce sont ces tournées hebdomadaires, ces courses du

dimanche que Monsieur Josse a eu l'excellente idée de réunir en volume et d'arracher à l'oubli des collections chères aux araignées.

Nous venons de les revoir sous leur nouvel aspect, de les relire dans l'élégante et confortable enveloppe dont les a revêtues l'ami Storck, un compère du Gourguillon, et nous y avons trouvé, aujourd'hui comme hier, ces qualités aimables qui vont affirmer et renouveler le succès d'une œuvre dont le naturel, la sincérité et la bonhomie un peu narquoise ne sont pas les moindres charmes.

M. Josse n'a rien changé à la libre éclosion de ces études au jour le jour et il a bien fait. Pourquoi eût-il perdu sa peine à polir et repolir des récits qui séduisent, avant tout, par l'absence de prétention et le laisser-aller d'une causerie intime d'où sont volontairement écartées les phrases gourmées et les périodes à effet ?

Avez-vous eu la bonne fortune d'être reçu dans ces intérieurs courtois où le principal souci des maîtres de la maison est de vous assurer toutes vos aises, de ne s'imposer ni à votre attention, ni même à vos égards, de vous laisser en un mot l'illusion que vous êtes toujours chez vous, avec votre liberté d'allure et de mouvement ?

Telle est l'impression qui se dégage des *Promenades à travers Lyon*.

M. Josse se présente comme un compagnon de route d'humeur accommodante et cordiale.

Il vous raconte dans une langue claire et précise, en style de bonne compagnie, ce qu'il sait, ce qu'il a observé, ce qu'il a vu, vous laissant toute liberté de le quitter si le sujet vous semble aride ou l'entretien ennuyeux.

Mais on s'en garde, on s'attache au contraire à ces récits sans apprêt, on suit son guide jusqu'au bout et l'on arrive à la dernière page, surpris d'avoir fait tant de chemin sans fatigue et appris tant de choses sans effort.

« *A travers Lyon* » a donc sa place marquée dans la bibliothèque de l'amateur et de l'érudit, de tous ceux qui de près ou de loin s'intéressent à la genèse de notre antique cité, aux tourmentes de son histoire, aux vestiges de ses traditions et au pittoresque de ses mœurs.

Ces divers sujets sont abordés par l'auteur des « *Promenades lyonnaises* » d'une main assez sûre pour satisfaire le chercheur et assez légère pour ne jamais ennuyer le curieux.

Aussi sommes-nous persuadé que, plus d'une fois, l'on délaissera les rébarbatifs in-folios d'une digestion pénible, au profit de l'œuvre accorte, souriante et bien à la main de Monsieur Josse, savant modeste et bon lyonnais.

COSTE-LABAUME.

D'UN BOUT DU *PONT DE PIERRE*
A L'AUTRE

En commençant ces promenades, je tiens à déclarer loyalement que je n'ai pas la prétention d'avoir découvert Lyon, ni même quoi que ce soit. Il faut être Alexandre Dumas pour découvrir la Méditerranée, et se sentir plus grand clerc que l'humble auteur de ces tablettes, pour apporter un document nouveau à notre histoire locale.

Je fais simplement partie de ces promeneurs errants que parfois l'on rencontre — surtout dans nos anciens quartiers — et qui s'en vont, laissant vaguer leurs pas et trotter leur imagination, admirant la vieille cité jusque dans ses verrues et vivant, pour une heure, dans un passé qu'ils évoquent à plaisir.

A ceux qui auraient le goût de ces excursions, mais qui hésitent à les accomplir seuls; à ceux qui, les ayant faites, ne seraient pas fâchés de savoir ce que pense un autre et de relever dans ses dires quelque erreur ou quelque énormité, j'offre de cheminer ensemble à travers Lyon. Nos voyages ne seront ni longs ni dangereux, et, d'ailleurs, Monsieur ou Madame, il ne tiendra qu'à vous de m'abandonner en route, pour peu que mes racontars vous soient à charge.

* *

Comme première promenade, je vous propose de traverser le *Pont de pierre*. Mais il importe, tout d'abord, que vous connaissiez au moins la résidence de votre compagnon de voyage, et je dois, pour l'intelligence de ce qui va suivre, vous apprendre que je demeure sur l'ancien quai de la Baleine, c'est-à-dire de l'*autre côté de l'eau*, selon le parler des vieux Lyonnais.

Et, à ce propos, pourquoi cette expression n'a-t-elle jamais été appliquée aux quartiers ultra-pontains de la rive gauche du Rhône? Pourquoi aussi s'entend-elle uniquement de la rive droite de la Saône? Grosse question à résoudre.

Ainsi, je connais un petit garçon de mon quartier, qu'on avait mis à l'école rue Grenette : « Vous demeurez de l'autre côté de l'eau, lui dit un de ses jeunes camarades de classe, enfant de Saint-Nizier. — Mais non, riposta l'enfant de Saint-Jean, c'est plutôt vous qui demeurez de l'autre côté de l'eau. » Comme bien vous pensez. le débat ne fut pas sitôt fini, — si tant est qu'il le soit à cette heure.

N'est-ce pas un peu ce qui se passe, neuf fois sur dix, dans les graves discussions qui passionnent les hommes et les divisent ? Chacun ne manque pas de dire carrément à son adversaire : « Laissez-moi donc tranquille ! C'est vous qui êtes de l'autre côté de l'eau. »

Quelques pas hors de chez moi nous mettent en face de l'hôtel du Gouvernement. Il faut être Lyonnais pour savoir que ce nom n'est point une enseigne de fantaisie et que le lieutenant de Sa Majesté très chrétienne a été réellement hébergé dans cette maison. Après tout, le Consulat, pendant des siècles, n'a-t-il pas tenu ses séances dans des maisons à bail ?

La façade principale de l'hôtel est sur la rue Saint-Jean ; il en est ainsi de toutes les anciennes maisons ayant vue sur le quai. La plupart avaient une terrasse du côté de la rivière, comme on en voit encore une, portant le numéro 3, près de la place du Petit-Change.

Bâti vers la fin du quinzième siècle par Falque d'Aurillac, c'est en 1512 que l'hôtel du Gouvernement devint la résidence du comte de Sault, gouverneur de Lyon. Il fut successivement habité par Mandelot, d'Halincourt et toute la dynastie des Neuville de Villeroy. Charles IX et Henri IV y descendirent, lors de leurs passages à Lyon, et plus d'un Lyonnais ne se doute pas que, dans les dépendances, il y avait un théâtre où l'on donnait la comédie, l'opéra et le ballet.

On peut s'étonner que des gouverneurs qui prirent, avec le temps, des allures de vice-rois, se soient contentés d'une demeure dont nos édiles modernes ne voudraient pas, pour en faire ce qu'on appelait autrefois une maison d'école et ce que nous appelons un groupe scolaire.

Nos pères étaient chiches lorsqu'il s'agissait de grever la bourse commune pour le simple plaisir d'aligner des moëllons en façade. Mais il faut, je crois, chercher d'autres motifs encore à l'installation d'un gouverneur royal dans cette modeste résidence.

Les comtes de Lyonnais et Forez et leurs successeurs, les archevêques, n'avaient eu d'autres demeures seigneuriales que le château de Pierre-Scize et le palais de Roanne. Ce dernier édifice qui, malgré son nom pompeux, était un assez piètre monument, fut définitivement affecté à loger les officiers du roi, vers la fin du quatorzième siècle. Quant au château de Pierre-Scize, il ne sortit des mains des archevêques, cent ans plus tard, que pour devenir forteresse royale et prison d'Etat.

Il s'ensuit que les gouverneurs pour le roi n'ont point trouvé de résidence princière à occuper, lorsqu'ils se sont installés à Lyon. Il leur fallut acheter un immeuble, comme le premier bourgeois venu, et nos malins aïeux se seraient bien gardés de loger princièrement un fonctionnaire que, dans leur for intérieur, ils considéraient comme un simple commis.

Et la preuve que nos pères, pour ménagers qu'ils fussent de leurs deniers, savaient au besoin faire grandement les choses, est dans ce magnifique hôtel de ville qu'ils ont élevé plus tard.

Le pouvoir royal qui ne s'était d'abord manifesté que sous forme de tutelle lointaine — quelque chose comme le patronage qu'exerce l'Angleterre sur certaines de ses colonies — le pouvoir royal s'était fortifié de plus en plus, et Lyon, au dix-septième siècle, cessant d'être une sorte de municipe autonome, était devenu une des bonnes villes du roi. C'est alors que nos pères, dépensiers à propos, élevèrent le palais de la place des Terreaux, comme pour affirmer, je me figure, la souveraineté communale, laissant Mgr le Gouverneur se morfondre en son bourgeois logis, de l'autre côté de l'eau.

Il est vrai que ledit monseigneur habitait plus souvent à Versailles qu'à Lyon. Toutefois, en 1734, le maréchal de Villeroy s'en fut demeurer rue de la Charité, dans l'hôtel aujourd'hui occupé par l'Ecole de commerce, et l'ancienne résidence fut achetée par le Consulat, qui rencontrait certaines difficultés pour reconstruire la loge du Change à l'endroit où nous la voyons.

Ces difficultés s'étant aplanies, le Consulat revendit l'hôtel du Gouvernement qui, sans changer de nom, est devenu l'auberge que vous connaissez. Il avait été question de cet emplacement pour les futurs bâtiments de l'Ecole de droit. De tous les projets, c'eût été de beaucoup le plus recommandable.

※※

Je viens de parler de la loge du Change. Cet édifice a remplacé, au siècle dernier, une construction qui, sans doute, était la plus ancienne Bourse de France. Pendant des siècles, les changeurs s'étaient réunis sur la place, en plein air ; car il est de la nature des marchés de finances de se tenir sur la voie publique, comme tous les autres marchés.

A Marseille, malgré la magnificence et l'ampleur du monument affecté aux choses d'argent, il y a toujours plus de vendeurs et d'acheteurs dehors que dedans. Même fait se produit à Paris, pour peu que la saison s'y prête. Bien mieux, il y a peu d'années, le Havre n'avait pas encore de bâtiment à cet usage, et la bourse s'y tenait sur la place du théâtre, qu'il fît pluie, soleil ou vent.

Au moins les Havrais n'avaient-ils d'autre voisinage que celui du marché aux fleurs, tandis que les changeurs lyonnais devaient se partager l'emplacement avec les vendeurs de porcs et de volailles. Quelques palissades improvisées séparaient les argentiers de leurs malencontreux voisins : c'était la corbeille de l'époque.

Les opérations de Bourse, en ces temps lointains, ne ressemblaient guère à celles que nous connaissons. On négociait surtout du papier de commerce, et, pendant des siècles, le change de Lyon a fait loi sur toutes les places d'Europe. C'étaient les représentants des cinq nations marchandes, Florentins, Génois, Lucquois, Milanais et Allemands, qui réunis, chaque année, sous la présidence du syndic des Florentins, fixaient le taux du change.

La loge, œuvre de Soufflot, à qui Lyon doit

encore son Hôtel-Dieu et Paris le Panthéon, sert maintenant de temple aux membres de l'Eglise réformée. Il n'y a pas longtemps qu'on pouvait lire encore, sur le fronton du monument, la devise : *Virtute duce, comite fortuna*.

Ces belles paroles que les négociants lyonnais s'étaient appropriées sont celles que Cicéron adressait à son ami Plancus, le même à qui est due la fondation de Lugdunum et sur le compte duquel nous aurons occasion de nous entretenir plus amplement, si vous consentez un jour à escalader en ma compagnie le coteau de Fourvière.

Dans son nouvel emploi, le Change ne fait pas meilleure figure que ces nombreuses églises « défroquées » qui sont, depuis la Révolution, affectées à des usages industriels ou autres. N'éprouveriez-vous pas une véritable satisfaction à voir les fidèles pourvus d'un temple bâti expressément pour leur culte, et cette charmante et mondaine loge rendue à la vie civile : mairie, bibliothèque ou salle de réunion publique ?

En tournant le dos au monument, pour nous rapprocher de l'eau dont nous nous sommes un instant écartés, nous voyons, à droite sur la place du Change, et portant le n° 2, une maison aux fenêtres ogivales.

Des vieilles habitations particulières de Lyon, celle-ci est sans doute la plus ancienne : quelques-uns même n'hésitent pas à en faire remonter la construction au temps de saint Louis. Bien que la façade en ait été remaniée, ainsi que toutes nos façades anciennes, elle n'en offre pas moins un type remarquable d'architecture privée.

*
* *

Nous voici en face du Pont de pierre ; car, pour les Lyonnais, c'est sous ce nom que le pont de Nemours ou du Change est toujours connu. Je ne puis le traverser une seule fois, sans me ressouvenir du vieux pont, à la chaussée étroite, décrivant une courbe élevée au-dessus de l'eau, bordée de cadettes qu'avaient creusées les pas des piétons et formant, les jours de pluie, une flaque ininterrompue dans laquelle on plongeait, bon gré, maugré, jusqu'à la cheville.

Ce pont, commencé en 1076 par l'archevêque Humbert, était-il le premier pont de pierre érigé à cet endroit ? L'histoire lyonnaise ne fait aucune mention de pont sur la Saône, durant la période romaine. A la vérité, la présence des roches à fleur d'eau rendait ici plus facile qu'ailleurs la construction d'un pont ; mais la voie qui mettait le Lugdunum romain en communication avec le Condate gaulois, et dont le tracé subsiste dans la montée Saint-Barthélemy, débouchait bien en amont de notre pont moderne.

D'ailleurs les Romains entendaient la viabilité autrement que nous. Leurs routes étaient surtout conçues au point de vue stratégique, et traverser une rivière n'était point une affaire pour une armée romaine. A plus forte raison, pour un convoi marchand : la fable de l'âne chargé de sel en témoigne suffisamment. Il n'est donc pas impossible que les Lugduniens se soient contentés de simples passerelles de bois.

Démoli en 1848, l'ancien pont avait été longtemps muni de tours défensives, à ses deux extrémités. Celle du côté de Saint-Nizier s'appelait « tour d'Empire », et celle du côté de Fourvière « tour de France ». Car, personne ne l'ignore, ce fut par ces deux noms de France et d'Empire qu'on désigna les deux rives de la Saône, depuis le traité de Verdun (843), qui donnait la rive droite au roi Charles-le-Chauve et la rive gauche à l'empereur Lothaire.

Après mille ans écoulés, nos mariniers emploient encore ces dénominations, dont la dernière a fourni certains noms de famille particuliers à notre région : Empaire, Empierre, Ampère, Empereur. On pourrait même, sans trop d'invraisemblance, y rattacher, à titre de diminutifs, des Pérot, Prot, Payrou, Peyraire ou Périère.

A chaque bout du pont, se trouvait aussi une rue. Pour ma part, j'ai connu celle du Pont-de-

Pierre dont les maisons occupaient une partie du pont même, sur la rive gauche. Beaucoup d'orfèvres et de joailliers avaient leurs ateliers et leurs magasins dans ces maisons, dont les habitants devaient retrouver là comme un arrière goût des âges lacustres.

Il me souvient même d'une légende qui se contait dans ma jeunesse. L'intérêt et l'authenticité n'en sont point indiscutables ; mais, s'il fallait toujours y regarder de si près, les annales de l'humanité se réduiraient à peu de chose. Mon histoire au moins n'a-t-elle jamais été écrite, que je sache.

Il y a cent ans ou plus, un ouvrier joaillier sertissait un diamant de grande valeur. Le diamant s'échappe sous l'outil, comme cela peut arriver quelquefois, et, décrivant une parabole, passe pardessus l'auvent dont est toujours garnie une fenêtre de fabricant bijoutier. La maison était sur le pont et la Saône coulait en bas !

L'histoire ne dit pas si des plongeurs cherchèrent la pierre au fond de l'eau ; mais elle raconte que le pauvre sertisseur ne voulant pas léser les intérêts du patron qui l'occupait, s'imposa un régime de privations afin d'arriver, au bout d'un nombre d'années, à rembourser le prix du diamant perdu.

Cette dure expiation touchait à son terme. Un matin, à l'heure du déjeuner, notre héros mangeait son quartier de pain sec, et, sans doute, pour se donner une contenance et oublier aussi l'exiguïté de son menu, il humait l'air pur et regardait en déjeunant le mouvant panorama de la rivière et des deux rives. A un moment, il se penche en dehors, appuyé sur l'auvent de la fenêtre, pour suivre une barque dans ses manœuvres. Qu'aperçoit-il, ô ciel ? Une étincelle est-là, en dessous, comme suspendue dans le vide. On le descend au moyen de cordes, et, de sa main frémissante, il saisit le diamant perdu, arrêté dans un réseau de toiles d'araignée poudreuses.

Je ne me cache pas que mon anecdote manque absolument de « modernité » : il ne s'y trouve ni héros de cour d'assises, ni héroïne naturaliste. A vrai dire, pour corser un peu mon récit, — n'eût été mon respect pour les documents originaux — il m'était facile d'y introduire quelque jeune Lyonnaise, aux yeux ni bleus ni gris, aux cheveux ni blonds ni châtains, les uns et les autres de cette nuance indécise qu'on rencontre chez la plupart de nos compatriotes — de laquelle j'eusse fait la fille d'un fabricant joaillier, d'un patron marinier ou d'un « modère ».

**
* *

Les modères, que de souvenirs ce nom évoque ! C'est toute l'ancienne batellerie, héritière des nautes gaulois et grecs, qui, vingt siècles durant, mit en communication le monde occidental avec la Méditerrannée et le Levant.

Il y a trente ans encore, on voyait les derniers de ces vaillants enfants de la rivière, dont les colonnes s'échelonnaient tout le long de nos quais. Ils étaient l'âme de nos fêtes populaires, comme leurs prédécesseurs l'avaient été des réjouissances de nos aïeux, figurant dans le cortège du Mardi-Gras, comme jadis ceux-ci à la fête des Merveilles.

Supprimée en 1364, à la demande des bourgeois, la fête des Merveilles, offrait, vous le savez, cette particularité d'être une procession religieuse, accomplie en bateau.

Dans une étude sur cette singulière solennité, M. Guigue remarque que, dans la langue de l'Église, jusqu'au treizième siècle, elle s'appelle Fête des Miracles, *Festum Miraculorum ;* les actes civils, au contraire, la nomment Fête des Merveilles, *Festum Mirabilium*. De ce désaccord dans l'appellation, ne serait-il point permis de présumer que, des deux parts, on n'avait pas en vue le même objet ?

En effet, si nous traduisons *mirabilia* par chefs-d'œuvres — *mirabile opus*, suivant l'expression antique — nous nous trouvons en face de la fête des corporations lyonnaises, promenant les chefs-d'œuvres des divers métiers.

Cette fête se célébrait, de toute antiquité, à Rome, où la procession se déroulait sur le Tibre, « en basteaux ornés et parés de fleurs avec esbattements et récréations, qui faisoient compagnie à la gourmandise et yvrognerie », suivant l'historien Nicolas Vignier. Les choses à Lyon se passaient donc comme à Rome, et comme à Rome la fête avait lieu au solstice d'été.

De son côté, l'Église avait à faire mémoire du martyre de saint Pothin et de ses compagnons, le 2 juin. Combiner la fête religieuse avec la fête profane était tout indiqué, et l'autorité épiscopale ne pouvant supprimer celle-ci, sous le couvert de laquelle les corporations lyonnaises se maintenaient groupées, réussit au moins à la déplacer et à retenir à son profit la police de ces réunions populaires.

Quoiqu'il en soit, le jour de la solennité venu, le chapitre de Saint-Jean, accompagné de celui de Saint-Paul, se rendait à Vaise où l'attendaient les chanoines de Saint-Just, ainsi que les religieux d'Ainay et de l'Ile-Barbe. Tous descendaient la Saône, dans des bateaux décorés de feuillage et de draperies, escortés d'autres barques pleines de bourgeois travestis et de musiciens.

Il y avait toujours à bord force boissons et victuailles ; car les repas ou collations faisaient partie intégrante de toute procession ou pèlerinage, suivant nos vieux us lyonnais. Les anciens rituels des chanoines-comtes de Lyon stipulent toujours, à propos des processions que fera le noble chapitre, les arrêts où une collation sera offerte, et indiquent même le menu de ces repas qui prennent une place officielle — presque sacrée — dans le cérémonial.

Naguère, il subsistait encore un reste de ces usages. Chaque année, les membres d'une confrérie de la Croix-Rousse allaient en pèlerinage à Fourvière. La course est longue et assez rude. Aussi, les confrères avaient-ils accoutumé de s'asseoir à un patriarchal banquet, et même, sans fausse honte, ils commençaient leur station par là. Après avoir déposé la bannière à l'église ils allaient au restaurant, et, dûment réconfortés, ils revenaient à la messe qui n'en était que mieux chantée.

Le cortège de la fête des Merveilles descendait donc en bateau jusqu'à Ainay, pour remonter ensuite, à pied, jusqu'à Saint-Nizier. Au moment où la flottille avait franchi l'Arche-Merveilleuse ou de la Mort-qui-trompe, un taureau vivant était précipité dans la rivière, par une ouverture pratiquée au milieu de la chaussée du pont. Des mariniers, montés sur de petites barques ou à la nage, se mettaient immédiatement à la poursuite de l'animal, qui, ramené sur la rive, au port du Temple, était abattu dans la rue encore nommée jusqu'à ces derniers temps, rue Écorche-bœuf.

Plus tard, c'était un mannequin représentant le Mardi-Gras, que les bandes joyeuses du carnaval lançaient, le mercredi des cendres, dans la Saône, du haut de l'Arche-Merveilleuse. Quelle que fût la rigueur de la saison, il se trouvait toujours quelque courageux nageur pour aller repêcher le mannequin.

* *

C'était, du reste, le temps où « savoir nager » était un des signes caractéristiques de l'éducation lyonnaise. Alors, point de ces sortes d'aquariums bourgeois que nous voyons attachés à la file, sur nos quais : les « bêches » étaient en plein courant de la Mort-qui-trompe, et, sous l'œil des Marmet, les habitués piquaient parfois une tête du haut du pont. Le tout pour la plus grande joie des flâneurs qui, aujourd'hui, en sont réduits à voir pivoter les grues déchargeant le sable sur le bas-port.

Quant aux bêches, il peut être intéressant pour la génération présente d'apprendre que ce nom désigne étymologiquement les bateaux plats, nommés ailleurs toues. Il y avait, vers la seconde pile du pont, une rangée de bêches, liées les unes aux autres et recouvertes de toiles; on y accédait par un escalier appliqué contre la pile même du pont ; un plancher mobile était établi entre les

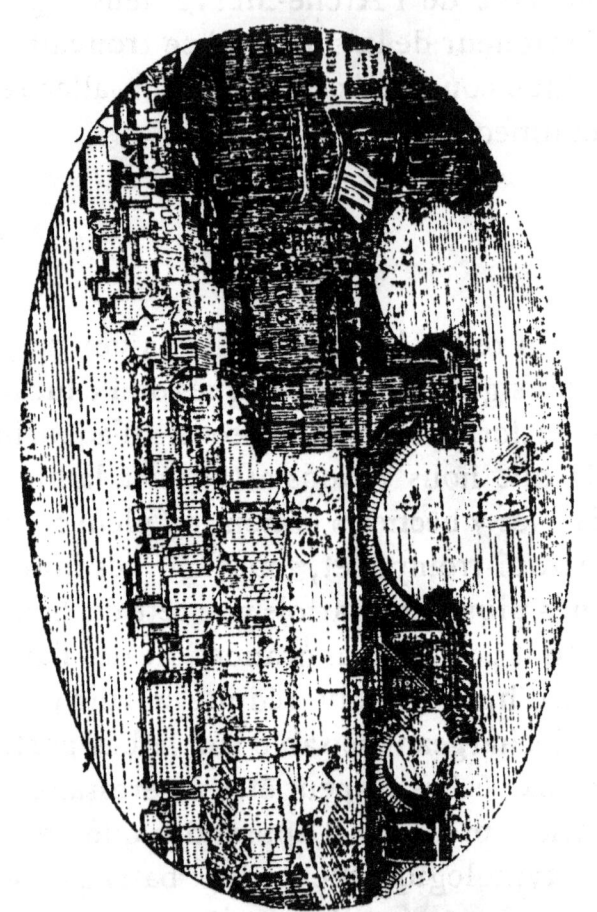

PONT DE PIERRE

bêches, le pont et les roches, et les nageurs prenaient leurs ébats soit dans cette crique improvisée, soit en pleine eau.

Mami Marmet fut le dernier de sa race à présider à ces jeux nautiques. Dépossédé de son fief héréditaire, il alla fonder sur le Rhône l'établissement qui porte son nom. D'autres bains froids furent ensuite créés par Neyret dit le « Requin. »

Ce Neyret, m'a-t-on conté, avait trouvé un moyen à lui pour mettre son domicile flottant à l'abri des voleurs. S'il avait à sortir, il fermait sa porte à clé, en dedans, et mettait les verroux. Puis, plongeant par une cheminée pratiquée au fond du bateau, il allait aborder à quelque distance. Pour rentrer, entre onze et minuit, il reprenait la même route, piquant une tête et pénétrant dans son domicile « par un chemin qui ne trahit pas », comme on chante dans *Guillaume-Tell*.

※

Au-dessus du grand courant se dressait une maison faisant saillie sur la rivière et supportée par une arc d'une hardiesse remarquable, œuvre de Gérard Désargues. C'est là qu'était le café Neptune dont tous les Lyonnais âgés de cinquante ans et au-delà ont gardé la mémoire.

Cette situation était vraiment unique, et l'on comprend qu'à plusieurs reprises nos pères aient été tentés d'édifier quelque établissement sur les roches qui obstruaient alors la Saône.

Il fut question, au seizième siècle, d'y bâtir l'hôtel de ville; sous Louis XIII, le marquis d'Halincourt voulut y élever la statue équestre du roi; enfin, Baltard dressa, de nos jours, un projet de palais de justice qui eût été assis au milieu même de la rivière.

Bien que parler des oratoires ne soit guère de mise, par les temps que nous traversons, il faut dire un mot de celui qui s'élevait jadis sur le pont. C'était, dit-on, l'œuvre de Simon Maupin; démoli en 1820, il fut transporté au bas de la montée du Chemin-Neuf où ses deux pilastres encadrent une fontaine.

On lui substitua une façon de corps de garde, à l'usage des sapeurs-pompiers. Un jour, une femme prise de mal d'enfant, y fut apportée par des passants; elle accoucha d'un petit garçon — qui, depuis, est devenu grand et siège maintenant à la tête de la municipalité lyonnaise.

Enfin, nous ne pouvons quitter le vieux pont, sans donner un souvenir au cerisier qui poussait entre les pierres disjointes d'un des éperons. Légendaire à Lyon, comme le marronnier du 20 mars à Paris, ce cerisier, par sa maturité précoce, avait donné lieu au dicton: « A l'Ascension, cerises sur le pont. »

Le pont démoli était dans l'axe de l'église de Saint-Nizier. C'était si naturel que pour expliquer comment il se fait que le nouveau pont a été placé autrement, on a dépensé des monceaux d'arguments, — sans avoir rien prouvé encore.

Déterminer l'axe d'un pont est toujours matière à noises dans le monde des voyers lyonnais — témoins le pont projeté de la Faculté et celui de la Feuillée. Vous verrez qu'on finira par mettre l'un à côté de la Faculté et l'autre en face de la maison Bonnardel.

Mais, bien que le pont du Change ne soit pas dans l'axe de Saint-Nizier, les regards du promeneur qui descend ont pour objectif naturel cette église — une moitié, au moins.

*
* *

Ce nom de Nizier m'autorise à vous demander si vous avez remarqué quelle place tiennent les noms grecs dans l'histoire des origines lyonnaises : Pothin ou plutôt Photin, comme le veut l'étymologie et comme on disait encore au dix-septième siècle, — Irénée, Epagathe, Attale, Alexandre, Pontique, Epipode, Eucher, Nizier, parmi nos ancêtres dans la foi religieuse, et, dans la vie civile, les deux Syagrius, le poète, ami d'Ausone, et le général, lieutenant de l'empereur

Majorien, Ségonius, comte de Lyon sous Dagobert, et tant de citoyens plus obscurs dont les noms se lisent au Musée lapidaire.

Les Grecs paraissent avoir fourni la partie intelligente de la population du Lugdunum primitif. Au surplus, des historiens affirment qu'au quatrième siècle on prêchait encore en grec dans nos églises. Avez-vous réfléchi à cela ? Un prône en langue grecque ! Comment cette langue a-t-elle pu jamais être parlée et comprise par les masses ? Comment ces conjugaisons de verbes, avec leur luxe d'augments et de désinences, où un simple changement d'accent modifie la nature d'un temps ou d'une personne, ces vocables nuancés à l'infini où un seul déplacement d'*iota* a causé la division du monde chrétien en deux camps, comment ces matériaux complexes et délicats ont-ils pu être employés par le vulgaire ?

Nous voyons et entendons tous comme est malmenée notre pauvre langue française, en plein siècle d'instruction obligatoire. Or le français est au grec ce qu'est le maniement d'un compas d'écolier au maniement des savantes machines de nos cabinets de physique.

A côté du latin classique, il existait une langue vulgaire dont quelques échantillons se retrouvent dans les poètes comiques et à laquelle nous avons emprunté notre vocabulaire. Rien de semblable pour le grec. Nous savons, au contraire, que les gens du peuple même parlaient leur langue dans toute sa pureté et qu'un étranger pouvait être reconnu pour tel, rien qu'à son parler, par une marchande des rues.

Je reviens aux verbes grecs ; pardonnez-moi cette insistance. Ces inimitables conjugaisons, sur lesquelles il a pu, comme à tant d'autres, m'arriver de maugréer, sont aujourd'hui un des objets de mon admiration. J'y vois toute la finesse, toute la souplesse, toute la pénétration, tout l'art, tout le génie de cette race qui nous a laissé ces édifices, ces statues, ces médailles, ces poteries que nous admirons sans pouvoir les imiter. Le parler usuel comme l'ustensile vulgaire, tout revêt chez eux un caractère de suprême beauté.

Ceci pourra sembler un paradoxe, mais je me demande si l'immutabilité du vêtement et des choses nécessaires à la vie n'était pas une des causes qui servaient le génie exquis des anciens. Après tout, l'humanité n'a qu'une somme d'intelligence à dépenser. Songez donc à ce que nous coûtent d'efforts dans la création et de travail dans la mise en œuvre, ces modes de tous les jours, qui nous obligent à varier nos vêtements, nos coiffures et jusqu'à nos meubles ! Notre civilisation use son génie dans ces besognes prosaïques, qu'une sotte convention nous impose.

* *

Mais il nous faut revenir de l'Attique et saluer en passant le vieux quai de Villeroy, aujourd'hui Saint-Antoine.

Ce fut naguère une des voies les plus passantes et les plus achalandées du Lyon marchand. De nos jours, ces beaux magasins où s'étalaient les soieries et les bijoux se transforment un à un en dépôts de fruits et de légumes : ainsi d'honnêtes industriels, après une brillante carrière commerciale, se mettent à planter des choux, — ce qui est encore une louable manière de servir l'humanité.

Nous voici sur la place d'Albon, ainsi nommée d'une famille issue des dauphins de Viennois et dont une branche a fourni les Saint-André. Les d'Albon avaient à leur charge l'entretien des piles du pont ; ce soin leur revenait d'autant plus et ils s'en acquittaient d'autant mieux que les maisons assises sur le pont avaient d'abord été bâties par eux, en vertu d'une concession qui remontait à 1309.

Nous sommes en trop beau chemin pour ne point pousser jusqu'à Saint-Nizier. Je n'abuserai pas de l'occasion pour essayer une description du monument, description qui a été souvent et admirablement faite, et dont je me tirerais de façon à vous faire sourire, si vous êtes archéologue, et bâiller, si vous êtes artiste.

Pour la bonne règle, notons seulement que cette église recouvre une des deux cryptes où, suivant la tradition, se réunirent les premiers chrétiens ; qu'une première basilique, dite des Saints-Apôtres, fut d'abord élevée sous Constantin ; qu'elle fut cathédrale, et prit le nom de Saint-Nizier, lorsqu'on la rebâtit après la terrible inondation de 580 ; que le monument actuel, commencé en 1303, a été achevé seulement de nos jours.

Tel que nous l'avons encore connu, avec sa façade boîteuse, son unique flèche à gauche et son portail renaissance dû à Philibert Delorme, Saint-Nizier avait une figure bien lyonnaise. Car c'est le propre des Lyonnais de laisser leurs monuments inachevés, et, si des monuments vous passez aux habitations particulières, vous trouverez, dans nos rues modernes, maint fronton de porte d'allée qui attend encore la main du sculpteur.

Sur la partie méridionale de la place s'élevait la chapelle Saint-Jaqueme. Fondée en 1222, par Gaspard de Chaponay et Clémence de Beauvoir, son épouse, cette église servit longtemps aux réunions publiques ; c'est là que nos aïeux faisaient leurs élections municipales.

Je n'ai pas l'intention, pour l'heure, de m'étendre sur les origines de la Commune lyonnaise, réservant ce thème intéressant pour une promenade « autour de l'Hôtel-de-Ville. » Je me borne donc à émettre le vœu que la municipalité perpétue le souvenir de Saint-Jacqueme, berceau de nos institutions municipales, en faisant marquer par une ligne de pavés noirs l'emplacement occupé par l'ancienne chapelle, et en appliquant une plaque commémorative sur une des maisons de la place.

Après cette première excursion d'une rive de la Saône à l'autre, du Lyon romain et féodal dans le Lyon moderne, nous allons rebrousser chemin. Cette promenade, un peu à l'aventure, sera, si vous voulez, comme la préface d'une série de chapitres, que nous écrirons ensemble.

Mais, afin de procéder par ordre, d'aller de l'ancien au nouveau, du commencement à la fin, nous nous dirigerons, la fois prochaine, vers les hauteurs de Fourvière et de Saint-Just, pour parcourir ensuite les quartiers de l'Ouest, ceux du centre et de la Croix-Rousse, et finalement visiter le Lyon à venir, sur la rive gauche du Rhône.

C'est une singulière odyssée que celle de la cité de Plancus, franchissant, l'un après l'autre, les deux fleuves qui se déroulent à ses pieds et finissant par se déverser en pleines terres dauphinoises.

Pendant huit cents ans, le vieux Pont de pierre a été l'artère vitale du Lyon de nos pères. Quelles que soient les destinées du pont nouveau, je doute qu'elles rivalisent jamais avec celles de son aîné, l'ancêtre de tous nos ponts historiques — y compris celui de Saint-Bénézet — et qui, bâti à une époque dite de barbarie, n'en peut pas moins être offert comme type de solidité à nos faiseurs de ponts modernes.

LES DEUX FOURVIÈRE

Il y a deux Fourvière : celui du fidèle et celui du curieux, celui du pèlerin et celui de l'archéologue, dont l'histoire ne peut guère se conter séparément. Et pourtant, il est assez rare que les sentiments propres à ces deux classes de visiteurs se trouvent réunis chez la même personne.

Mais, qui que vous soyez, étranger ou lyonnais, croyant ou ergoteur, il est impossible que vous abordiez Fourvière du même pas et avec la même disposition d'esprit qu'un lieu ordinaire. On ne va pas flâner dans les bosquets qui s'accrochent aux flancs de la colline ; on ne dirige pas une promenade au travers des rues qui sillonnent le plateau. Le pied sent qu'il foule, sous la chaussée moderne, la cendre des aïeux, et l'esprit évoque involontairement vingt siècles endormis.

Trois chemins conduisent sur la montagne. Ce sont, par ordre de priorité, la montée du Gourguillon, la montée Saint-Barthélemy et celle du Chemin-Neuf. La première, qui n'est qu'un lit de torrent approprié à la circulation, était sans doute ouverte à travers bois, dès les temps préhistoriques ; la seconde a été tracée par les Romains ; le Chemin-Neuf fut établi par le baron des Adrets, en 1562.

Dire que ces chemins conduisent sur la montagne, c'est trop dire : tous trois aboutissent vers l'Antiquaille. C'est là aussi que le chemin de fer dépose le voyageur naïf qui, sur la foi de l'enseigne, a cru se faire transporter à Fourvière.

Il existe encore d'autres voies d'accès qui ne sont, à vrai dire, que des affluents de la montée Saint-Barthélemy, des rampes d'escaliers, à peu près connues et pratiquées par les seuls Lyonnais de la vieille roche : l'escalier du Change, l'escalier du Garillan et celui des Chazaux.

Ce dernier, il y a une trentaine d'années, a été débaptisé dans un accès de pudeur municipale, en même temps que les rues *Punaise*, *Caquerelle* et de l'*Enfant qui pisse*. Les vocables des rues *Misère* et *Pisse-Truie* avaient disparu précédemment.

Nos pères qui s'entendaient à trouver des noms typiques — pris ailleurs que dans le Dictionnaire de la conversation — appelaient la montée des Chazaux tout bonnement montée du *Tire-Cul*. Surtout, n'allez pas vous récrier sur cette appellation. Ces anciens noms avaient le mérite de se passer de commentaires ; nos mères les prononçaient sans fausse vergogne ; on les peignait sur les écriteaux, et la morale ne s'en portait pas plus mal. Au demeurant, l'arrêt de l'autorité, dans le cas spécial qui nous occupe, a bien pu supprimer le nom mais pas la chose — ainsi que vous pouvez vous en convaincre en gravissant, tout d'une traite, les deux cent vingt-huit marches de cet escalier.

C'est à dessein que j'omets la montée des Carmes, laquelle est plutôt un chemin tendant vers Montauban. Il fallut une ingénieuse supercherie de M. Gay pour faire classer parmi les chemins montant à Fourvière, cette voie à mulets, mi-sentier, mi-escalier.

Toutes ces montées ont leurs annales, et il ne s'y trouve, pour ainsi parler, pas une pierre qui n'ait quelque chose à raconter. La plus grande partie des matériaux que nous voyons à nu dans les murs de soutènement ou de clôture, sans parler des substructions et des parois cachées, proviennent du forum et d'anciens palais romains.

*
* *

Ce coteau était fort goûté par la colonie italienne, au temps de la Renaissance. Pilata, gendre d'Ottavio Mey, bâtit la maison qui était en dernier lieu occupée par les Maristes. C'est Pilata qui fit don à Louis XIV du célèbre bouclier d'argent que l'on voit au Louvre et que l'on prétend être celui d'Annibal : cadeau de prince à prince.

De l'autre côté de la rue, est l'ancien château Milan qui tire probablement son nom de Claude Paterin, chancelier du Milanais pour Louis XII.

En bas de la montée du Garillan, se trouve le palais du légendaire Gadagne ; en haut, c'est l'hôtel de la famille Gondi, d'où sortirent le duc et le cardinal de Retz. Au souvenir des Gondi se rattache celui du personnage qu'on appelait alors M. Vincent et qui est devenu saint Vincent-de-Paul. Remarquez que ce héros, en admettant les gens du monde à concourir de leurs personnes aux œuvres charitables, a le premier laïcisé la charité dont l'exercice avait été jusqu'alors réservé aux seuls gens revêtus d'un caractère religieux. Aumônier de la maison de Gondi, il fut quelque temps curé de Châtillon-les-Dombes, jadis paroisse du diocèse de Lyon.

Voici, en face, le pensionnat des Frères de la doctrine chrétienne, ancien couvent des Lazaristes bâti sur un tènement acheté aux Mascrani.

Enfin au sommet des Chazaux, vous trouvez l'hôtel de Bellegrève, élevé par Pauli Bénedetti. Cette habitation appartint ensuite à Mandelot, gouverneur de Lyon. Il y reçut Henri III, et aussi Henri IV, pendant le premier séjour que ce roi fit à Lyon, en 1595. La belle Gabrielle logeait à la Bréda, cette gracieuse résidence qui, de l'autre côté de la montée, s'élève à l'entrée des jardins de Sainte-Philomène, et reconnaissable à la jolie tour octogone qui flanque la façade.

Bellegrève, après la mort de Mandelot, fut acquis par une abbaye de Dames, venues du Forez et dites « des Chazaux. » Jean-Jacques Rousseau y rendit visite à Mlle du Châtelet, pensionnaire des religieuses pour quelques mois. Les bâtiments étaient naguère affectés au Dépôt de mendicité ; ils sont aujourd'hui une dépendance de l'hospice de l'Antiquaille.

Tout Lyonnais sait que cet hospice occupe l'emplacement du palais des Césars, que Claude, Caligula, Germanicus et Caracalla y sont nés, et que Pierre Sala, bourgeois de Lyon et écuyer de François Ier, fit bâtir une résidence au milieu des vignes qui couvraient cette partie du coteau.

L'histoire de la famille Sala est celle de toutes nos familles consulaires. Issus d'artisans dont l'un, ayant nom Laurent, était tisserand, dont un autre, Jean premier du nom, faisait des bâts pour les ânes, les Sala deviennent changeurs ; bientôt on les trouve dans les fonctions municipales et dans les offices royaux. Puis, suivant une loi qui souffre peu d'exceptions, une fois parvenue aux plus hauts degrés de l'échelle sociale, cette famille s'éteint dans une oisiveté intelligente — plus favorisée que d'autres qui finissent dans l'imbécillité !

Car c'est une loi fatale que tout homme de labeur, acheminant ses fils vers les professions libérales, voue sa descendance à l'extinction. Et l'infériorité numérique où se traîne la population française tient peut-être, pour beaucoup, à cette tendance innée qu'ont nos nationaux aisés à diriger leurs enfants vers les carrières administratives.

Les religieuses de la Visitation, ayant acheté en 1638 le château de l'Antiquaille, le rebâtirent. Il nous est parvenu sous cette dernière forme, jusqu'à ces temps-ci, où le goût barbare du jour est venu lui imposer une de ces toitures en tuiles de Montchanin, qui seront une des hontes de notre architecture.

Au-dessous de la chapelle est une construction souterraine qui, suivant une tradition constante, serait la prison où furent enfermés les martyrs lyonnais et où mourut saint Pothin.

**

A la hauteur de l'Antiquaille, nous prenons la vieille montée de Fourvière. C'est une suite de boutiques modestes, vendant qui des objets de dévotion, qui du café au lait ; assez souvent, il y a cumul. Autrefois, les deux côtés de la rue étaient bordés de mendiants auxquels les gens à âme tendre distribuaient des liards. On se procurait même de la monnaie *ad hoc,* et Dieu sait quelle monnaie ! Un numismate eût trouvé là une collection qui vaudrait aujourd'hui son pesant d'or.

La vieille chapelle, appelée sans doute à disparaître après l'achèvement du nouveau sanctuaire, a déjà les allures effacées d'une infante aînée qui s'apprête à céder la place à un jeune frère, sur le point d'être armé chevalier. N'importe ! la génération qui s'en va ne pensera jamais, sans une pointe de regret, à la petite église dont les lignes s'harmonisaient si bien avec celles du coteau, aux toitures plates et au clocheton de physionomie si lyonnaise, qu'on voyait poindre de loin et se profiler peu à peu sur l'azur.

Personne moins que moi ne trouvera mauvais que de nombreux fidèles aient eu le désir de remplacer le bâtiment actuel par un édifice plus somptueux et d'un style plus monumental. Mais, pour Dieu ! mes frères, ne pouviez-vous pas adopter quelque chose de moins encombrant ? Il fallait au sommet de la colline un idéal diadème de vierge ; vous y avez posé la pesante coiffure d'un homme d'armes.

Les dimensions de l'ancien temple, objecterez-vous, sont tout à fait insuffisantes. J'en demeure d'accord, tout en me disant que nosseigneurs les évêques déclarent chaque année, dans leurs mandements, que la foi s'en va, et combien il est singulier qu'à notre siècle de scepticisme il faille des églises cinq ou six fois plus grandes qu'aux âges où les croyants abondaient. Mais vos constructeurs pouvaient bien, sans réduire à l'intérieur l'espace utile, viser à diminuer l'importance des lignes extérieures au lieu de les accuser.

Le sanctuaire que l'on va déposséder se compose de deux nefs. Celle du nord fut bâtie en 1168 par Olivier de Chavannes, chanoine de Saint-Jean ; elle est dédiée à saint Thomas de Cantorbéry. L'autre, amenée par des remaniements successifs à l'état où nous la voyons, est, pour partie, d'une construction plus ancienne.

Trajan avait doté Lugdunum d'un forum magnifique, élevé sur le point culminant de la montagne. Pendant les jours troublés du bas-empire, la décadence du monument suivit naturellement celle de la cité. Toutefois, il existait encore, lors de l'invasion des Sarrasins, en 725. Démantelé et calciné par le feu, au passage de ces farouches dévastateurs, le forum ne présentait plus qu'une ruine superbe dont les dernières colonnes debout et les dernières assises s'écroulèrent en 840, à la suite d'un tremblement de terre.

La colline avait pris son nom du monument : *Podium Fori veteris,* puy de *Four vièdre,* d'où l'appellation moderne de Fourvière. Le sommet de Saint-Just s'appelait *podium Athanacum,* puy d'Ainay ; ce nom est devenu celui d'une des grandes îles situées au pied de la hauteur.

Antérieurement au douzième siècle, un petit oratoire avait été bâti à la Vierge, avec les débris du forum. Il est à présumer que les murs de la chapelle spécialement consacrée à Notre-Dame, moins le chœur et le parvis ajoutés depuis, sont les mêmes que ceux du sanctuaire primitif. Mais c'est à partir du treizième siècle seulement que la dévotion des fidèles s'est portée à Fourvière ; auparavant, c'était Notre-Dame de l'Ile-Barbe et la crypte des Martyrs à Saint-Irénée qui attiraient les pèlerins.

L'église actuelle dédiée, pour moitié à saint Thomas, pour moitié à la Vierge, avait un caractère d'originalité et perpétuait une tradition dont il ne sera tenu aucun compte dans le temple nouveau. Cette dualité était plus encore accusée jadis ; car, jusqu'à la Révolution, l'église desservait une petite paroisse, dite de Saint-Thomas-de-Fourvière.

Au-dessus de l'autel de Notre-Dame est une vierge noire, comme au Puy, à Embrun, à Chartres et en quelques autres lieux. L'origine de ces vierges a été fort controversée. A mon sens, il y a, dans l'emploi de ces effigies noires ou plutôt bises, une ressouvenance du culte d'Isis, la grande déesse, la déesse mère. Il ne serait même pas impossible que plus d'une fois l'image révérée n'ait fait que changer de nom. Ne sait-on pas, en effet, qu'une dulie chrétienne s'est partout substituée à un culte païen, saint Georges ou saint Michel remplaçant Thésée ou Hercule, saint Jean-Baptiste, Bal ou Apollon, et saint Denys, Bacchus ?

Elle est bien à sa place, cette image de Notre-Dame, aux formes archaïques, vénérée par une suite de générations, et je ne suis pas seul à me demander si le cadre nouveau qu'on lui prépare ne sera pas un peu disparate. Il n'est point jusqu'à ces nombreux ex-voto appendus aux murs intérieurs et dans lesquels l'art n'a pas grand'chose à réclamer, qui ne fournissent leur part à cette harmonie, œuvre de sept siècles.

*
* *

Si vous sortez de la chapelle et que vous gravissiez au sommet de la tour, vous aurez un des plus beaux spectacles que l'œil puisse contempler : au levant, cette splendide chaîne des Alpes que domine le Mont-Blanc ; au nord, les sommets du Mont-d'Or, dont les dernières pentes viennent, presque à vos pieds, se perdre en lignes arrondies et verdoyantes ; à l'ouest, les montagnes du Lyonnais, d'aspect toujours un peu solennel et guindé, que n'arrivent à égayer ni les feux pâles de l'aube, ni les lueurs empourprées du couchant ; au midi, un horizon où se détache noir le massif du Pilat et qu'argentent, de ci, de là, les méandres du Rhône fugitif.

Pour peu que le brouillard qui, trois cents jours de l'année, plane sur Lyon, nous accorde un tour de faveur et fasse relâche à notre intention, nous pourrons jeter un coup d'œil sur la ville qui se déploie à nos pieds. Mais je vous dois ici un aveu : je trouve Lyon, vu de Fourvière, fort curieux mais très laid.

Ces amas de constructions dont on ne distingue guère que les cheminées prosaïques et les toitures enfumées, au milieu desquelles les rues et les places font des trous blancs s'il fait beau et des trous gris s'il pleut, tout cela m'éprend modérément. Mais je n'aurai garde de troubler votre enthousiasme et je saurai me taire si vous êtes résolu à admirer.

* * *

Le plateau que domine le Fourvière moderne et qui va s'inclinant au couchant, est l'emplacement où fut bâtie la cité primitive. Dieu sait ce qui s'est noirci de papier et échangé d'arguments à propos des origines de Lugdunum ! Grecs, Romains ou Gaulois ont été successivement ou conjointement mis en cause par les divers partis.

Depuis plusieurs années — suivant la tradition reçue — Marc-Antoine, lieutenant de Jules César, avait, sur l'ordre du conquérant, établi ses légions dans ce vaste espace qu'enserrent les monts Lyonnais, le massif du Mont-d'Or et la Saône. Plusieurs villages de cette région ont, d'ailleurs, retenu les noms facilement reconnaissables des chefs de cantonnements : Craponne (*Calpurnius*), Civrieu (*Severus*), Fleurieux (*Florus*), Lissieu (*Lucius* ou *Licinius*), Marcilly (*Marcellus*), Chasselay (*Cassilius*), Albigny (*Albinus*), etc.

L'existence du camp est aujourd'hui contestée. Un jeune écrivain, dans un travail récent, objecte que, des officiers de César, aucun ne portait ces noms, lesquels, d'ailleurs, ne sont pas nécessairement des noms de militaires.

L'objection n'est pas sans valeur. Toutefois, il resterait à expliquer cette affluence d'appellations latines sur un point de notre banlieue lyonnaise. Partout, en effet, nos villages — hormis ceux qui portent des vocables de saints — ont gardé, suivant la loi générale, des noms dérivés de radicaux celtiques, empruntés à la topographie et très rarement à des noms d'hommes.

Donc, l'an 43 avant J.-C., le camp et les pays occupés étaient sous le commandement de Lucius Munatius Plancus — encore un nom qui sonne grec. Le successeur de Marc-Antoine était homme d'épée et de lettres ; il fut honoré de l'amitié de Cicéron et d'Horace ; l'orateur lui adressa de nombreuses lettres, et le poète lui a dédié la septième de ses odes, livre premier :

Laudabunt alii claram Rhodon, aut Mitylenen,
Aut Epheson, bimarisve Corinthi
Mænia.....

« D'autres chanteront l'illustre Rhodes, ou Mitylène, ou Éphèse, ou Corinthe avec ses deux mers... »

Quand le monde romain se partagea en deux camps, entre Antoine et Octave, Plancus tint d'abord pour Antoine. Mais, après Actium, il passa du côté du manche, et ce fut lui, paraît-il, qui proposa au Sénat de décerner à Octave le titre d'Auguste.

Tant d'empressement et d'opportunisme méritait récompense. Plancus vécut gorgé d'honneurs et de richesses, et mourut à Gaëte, dans la splendide villa qu'il s'était bâtie. Sur la porte de son mausolée, connu sous le nom de *Torre di Rolando*, on lit encore cette épitaphe :

« Lucius-Munatius Plancus, fils de Lucius, petit-fils de Lucius, arrière-petit-fils de Lucius, consul, censeur, deux fois imperator, un des sept prêtres des Épulons, triompha des Rhétiens, fit construire un temple à Saturne du prix des dépouilles, distribua en Italie les terres de Bénévent, et établit en Gaule les colonies de Lugdunum et de Raurica (près Bâle). »

Cette fondation de Lugdunum est un fait historiquement acquis, mais elle eut lieu dans des circonstances sur lesquelles l'accord est loin d'être fait entre les historiens. Que des fugitifs viennois aient été installés sur les hauteurs qui dominent la Saône, que la nouvelle cité se soit uniquement fondée en vue des fonctionnaires impériaux, le fait en soi est de médiocre importance.

Il est à présumer que, de bonne heure, il s'était formé sur la route du camp des établissements de mercantis et de cantiniers, premier noyau d'une ville future. D'autre part, il existait une bourgade marinière, bâtie au confluent, dans les parties maintenant occupées par les quartiers de Saint-Vincent et des Terreaux : c'était une station fréquentée par les trafiquants de tous pays, surtout par les Grecs d'Asie, ces juifs de l'époque.

De ces divers éléments sortit une population qui ne tarda point à se porter vers la cité nouvelle, dont les habitants, par un privilège rare, se trouvaient mis en possession de tous les droits de citoyens romains. Car Lugdunum étant déclaré colonie romaine et une colonie n'étant rien moins qu'une extension du propre territoire de Rome, c'était comme un quartier de la ville souveraine transporté en pleine Gaule chevelue.

*
* *

L'étymologie de *Lugdunum* n'est pas moins contestée que ses origines. Sur *dun* l'accord est facile : hauteur, forteresse, cité ; mais pour *lug* ou *lugu*, on a proposé : un mot celtique qui signifierait corbeau ; *louch* ou *log*, qui veut dire marais, lagunes; un radical *luc*, *luces*, lumière — on trouve *lucus* dans Plaute ; *Lug*, divinité gauloise; *Lucius,* nom d'homme, etc. J'en passe et des moins bonnes ; il y en a seize ou dix-sept comme cela.

L'opinion qui fait de notre Lugdunum et de vingt autres villes gauloises du même nom, autant de *Mont-Corbeau* — de même qu'il

existe nombre de *Montaiglon* ou de *Montfaucon*
— cette opinion, dis-je, eût été moins contestée,
si l'on ne s'était obstiné à faire dériver cette
appellation des corbeaux de Momorus et Atépo-
marus. Mais cette légende gâte tout, parce qu'il
est impossible que le fait miraculeux se soit
vingt fois renouvelé, et, de là, la préférence de
plusieurs historiens pour l'étymologie proposée
par Eloi Johanneau, voyant dans Lugdunum la
« cité des lagunes ou des lônes. » Ajoutons que
le sens de *Lucudunum*, Clermont, n'est pas à
dédaigner complètement. Un écrivain dauphinois, Pilot, cite une hauteur des environs de
Vienne, indifféremment nommée Lugudunus et
Clairmont.

Quoiqu'il en soit, vingt années après sa fondation, notre Lugudunum était visité par Auguste.
L'empereur y revint une seconde fois, l'an 13
avant Jésus-Christ, et y fit un séjour de trois
années. Presque tous les Césars, après lui, ont
plus ou moins séjourné à Lyon et l'on en peut
dire autant des rois de France, depuis Philippe-
Auguste jusqu'à Louis XIV.

A partir d'Auguste, Lugdunum se développe
avec cette rapidité que l'on ne retrouve que dans
certaines cités du Nouveau-Monde. Et, comme
ces villes improvisées, la métropole des Gaules
est anéantie en une nuit par un incendie.

C'était sous Néron, en l'an 58. Rien ne resta

debout, disent les historiens latins ; ce qui peut s'entendre des quartiers marchands formant sans doute un immense baraquement où la pierre ne tenait pas la maîtresse place qu'elle a prise par la suite. Mais il est probable que la cité des fonctionnaires, groupée autour du forum, était d'une construction à l'abri d'un incendie de quelques heures.

Car il n'est pas admissible que les tombeaux seuls fussent élevés en pierre, et ceux qu'on vient de découvrir à Trion et de reconstruire place de Choulans, étaient de nature à braver le temps et les éléments. Or, ils sont du règne d'Auguste, et je le répéte, si les constructeurs amenaient déjà de tels matériaux pour les monuments consacrés aux morts, ils ne devaient pas en employer de moindres pour les demeures des vivants.

Ces fouilles de Trion resteront assurément une des choses les plus intéressantes que notre génération aura vues. Peut-être avez-vous eu comme moi, l'heur de visiter à l'intérieur ces tombes monumentales, d'assister à l'ouverture de quelques-uns de ces vases scellés où les ossements carbonisés semblaient déposés de la veille, et, à la pensée qu'au premier siècle notre ville possédait déjà de semblables sépultures, comme moi vous vous êtes demandé ce que devaient être les palais.

Lyon, promptement rebâti après l'incendie, s'accrut de génération en génération et atteignit sous les Antonins l'apogée de sa splendeur. Quatre grandes voies dont le tracé subsiste, mettaient la métropole en communication avec Narbonne, l'Aquitaine, l'Océan et le Rhin. Trois aqueducs déversaient dans la ville les eaux de l'Orgeole, du Mont-d'Or et du Mont-Pilat, sans que l'on connût ces petits robinets qui nous comptent les litres et qui, pour un peu, nous compteraient les gouttes d'une eau douteuse. O progrès !

Je sais qu'il est des moralistes pour affirmer que les peuples forts sont des peuples sales et que, du jour où les Romains se lavèrent à grande eau, ils virent commencer l'ère de leur décadence. Mais, à ce compte, les Napolitains modernes devraient être un peuple de héros et les Espagnols posséder toutes les vertus.

Nos Lugduniens que je me représente, soit dans leurs maisons où, jour et nuit, chante un filet d'eau, soit dans les édifices où s'épanchent de vraies cascades, vaquant à ce trafic qui faisait de leur ville l'entrepôt de la moitié de l'Occident, traitant des affaires de la cité, se rendant aux concours littéraires, au théâtre, aux jeux publics. ignorèrent toujours la peste, ce fléau des populations où domine l'élément nomade, et pouvaient répéter le mot du philosophe : « *Mens sana in corpore sano.* »

Mais la plus merveilleuse preuve que nos aïeux étaient en parfaite santé d'esprit, je la trouve dans la façon toute particulière dont le christianisme se développa chez eux.

*
* *

Remarquons d'abord que le Lugdunum naissant ne paraît pas avoir connu d'autre culte que le culte des Césars. Non qu'il n'existât quelque temple au Mercure gaulois, à Bal ou à Vénus pudique ; mais les actes des martyrs lyonnais ne font mention d'aucune de ces divinités, et ce silence montre bien qu'elles ne comptaient pas.

Quant à l'éclosion du christianisme, elle s'offre sous une forme que nous ne voyons nulle part ailleurs. D'ordinaire c'est un apôtre, un missionnaire qui apporte la bonne nouvelle: *evangelium*. Ici rien de semblable. Ce sont les fidèles qui appellent à eux le ministre ; la communauté précède le pasteur, fait tout particulier à l'histoire lyonnaise et qui n'a peut-être pas été assez indiqué.

De bonne heure, il avait dû se trouver des chrétiens parmi les Asiates établis à Lugdunum, des rapports de famille ou d'affaires entretenant un courant continu entre les habitants de la nouvelle métropole des Gaules et ceux des vieilles cités d'Orient où fleurirent les primitives églises.

La communauté chrétienne de Lyon eut-elle des pasteurs dès le premier siècle? Ce n'est point invraisemblable; mais nul document historique, nul indice même ne permet de l'affirmer. Ce qui demeure acquis, c'est que, sous le règne d'Antonin (138-161), les chrétiens lyonnais demandèrent un évêque à leurs frères de Smyrne : ce fut Pothin ou Photin, qui s'adjoignit plus tard Irénée.

Le fait est incontestable et a toujours gêné certaine école qui ne saurait admettre cette éclosion spontanée d'une église en Occident, fille directe des apôtres et non issue de Rome. Par là s'explique et l'attachement séculaire des fidèles lyonnais à leurs usages et à leur rituel, et l'insistance, qu'ont de tous temps, déployée les romanistes à l'effet d'escamoter, si l'on peut s'exprimer ainsi, cette origine particulière.

Notre génération a encore présente à la mémoire la lutte engagée entre le clergé de Lyon et la cour de Rome qui tenait à effacer les derniers vestiges de notre rite local. D'autre part, feuilletez le bréviaire romain qu'on voulait nous imposer : vous y trouverez nombre de saints parfaitement inconnus, mais saint Irénée n'y est pas même nommé. Ce fut cependant le véritable fondateur d'une des premières chrétientés du monde, et il a laissé des écrits qui le font ranger parmi les pères de l'Eglise.

*
* *

On ne se fait pas toujours une idée bien nette des persécutions ; en ce qui touche Lyon, il est assez facile de reconstituer les faits. La loi romaine permettait la formation d'associations — comme sont nos sociétés de bienfaisance, comme étaient nos anciennes confréries — ayant leurs lieux de réunion à elles, leur organisation, leur budget. Les premières églises purent donc se constituer et se recruter sans éveiller aucune défiance de la part des pouvoirs établis.

De plus Rome reconnaissait toutes les divinités, et plusieurs d'entre elles, comme l'Isis égyptienne et le Mithra oriental, avaient leurs mystères et leurs initiations. Mais le christianisme professait certaine doctrines — notamment l'égalité des hommes devant Dieu — qui était, au premier chef, subversives. En outre, le culte officiel des Césars, était lié à tous les actes de la vie publique.

Il devint facile de comprendre comment les chrétiens se trouvaient, tôt ou tard, de tomber sous le coup de la loi: délit d'association illicite, propagation de doctrines séditieuses, crime de lèse majesté. Un simple édit du légat ou du préfet pouvait leur appliquer les lois existantes, sans qu'il fût même besoin de relever contre eux les monstrueuses accusations de mœurs incestueuses et sanguinaires que la voix publique ne manquait pas de jeter aux néophytes.

En l'an 167, les chrétiens lyonnais, disent les annales, se virent poursuivis dans les rues ; sur le forum, dans les bains publics. — Vous avez bien lu « dans les bains publics. » Ces chrétiens, ô ombre de Veuillot ! fréquentaient donc les bains, et ils n'en confessèrent pas moins leur foi jusqu'au martyre !

L'église de Lyon devait compter des fidèles de toutes conditions ; mais l'élément patricien y tenait une grande place, si l'on en juge par la qualité des quarante-huit accusés, déférés aux tribunaux. On connaît leur histoire : une partie d'entre eux mourut au cours de la procédure ; vingt-quatre eurent la tête tranchée ; six périrent dans les supplices, et il se produisit ce fait monstrueux, que l'un des accusés, Attale de Pergame, fut livré aux bêtes malgré sa qualité de citoyen romain.

Où eurent lieu ces exécutions? C'est ici que recommencent les incertitudes dont fourmille l'histoire de Lyon. Il est peu de villes sur lesquelles on ait plus écrit, et pourtant tout, ou à peu près, est à reprendre en cette matière. Ainsi que me le disait un des hommes qui ont le plus contribué à redresser quelques-unes des erreurs fidèlement reproduites de siècle en siècle, d'ouvrage en ouvrage : « Jusqu'à présent, on a écrit l'histoire de Lyon *ad narrandum,* tandis qu'il faudrait commencer par l'écrire *ad probandum.* »

Pendant des siècles, la tradition a placé le martyre des chrétiens lyonnais au théâtre qui s'élevait dans l'ancien enclos des Minimes et dont il reste quelques débris. Mais c'était un théâtre, et des combats de bêtes n'y pouvaient trouver place. Rien d'invraisemblable à ce que la mise à la torture et les exécutions capitales aient eu lieu sur le forum ; mais il resterait à déterminer où était l'amphithéâtre et où, par conséquent, Blandine et ses compagnons ont été livrés aux fauves.

On a proposé un cirque bâti dans la cité romaine, aux bords de la Saône, à l'endroit occupé par le quartier Saint-Jean. On propose aussi l'amphithéâtre qui existait dans la ville gauloise — ou plutôt dans la ville fédérale — sur le coteau Saint-Sébastien, et dont nous relèverons les traces en dirigeant nos pas à la Croix-Rousse. Enfin, il pouvait y avoir un amphithéâtre sur le plateau où est bâti le Grand-Séminaire. Seulement, rien n'est prouvé, et M. Renan lui-même s'est refusé à conclure. Faisons comme lui.

*
* *

Trente ans après ces évènements éclata, entre Albin et Sévère, cette lutte qui tint en suspens tout le monde romain, c'est-à-dire les trois quarts de l'univers alors connu. La rencontre des deux compétiteurs eut lieu aux portes de Lyon — sur le plateau bressan, selon toutes probabilités. Trois cent mille hommes combattirent tout le jour, et la victoire resta à Sévère. Lugdunum avait embrassé le parti d'Albin : aussi les représailles exercées par le vainqueur furent-elles implacables. Tout fut mis à sang et à feu. Des pâturages, disent les historiens, poussèrent sur l'emplacement des palais.

Mais ce ne fut pas tout. Lorsque vint, quelques années plus tard, le dixième anniversaire de l'avènement de Sévère, une partie de la population refusa « de placer devant ses maisons des guirlandes et des lampes allumées », et de s'associer aux sacrifices qu'offrait la municipalité, désireuse de regagner la faveur de l'empereur.

Il n'est point aisé de déterminer quelle juste part revient aux sentiments politiques et aux croyances religieuses, dans ce refus de pavoiser et d'illuminer — comme nous dirions maintenant. En tout cas, leur conscience interdisait aux disciples de la foi nouvelle d'invoquer la divinité de l'empereur, *numen imperatoris*.

Si, de nos jours, il n'en faut pas davantage pour être signalé à la vindicte publique, c'était bien autre chose en des temps où les majorités avaient contre les minorités des procédés plus expéditifs que les nôtres. Ce fut une véritable tuerie, on força les récalcitrants jusque dans leurs maisons, et dix-neuf mille d'entre eux périrent dans ce massacre qui précédait de treize siècles celui de la Saint-Barthélemy.

Plusieurs historiens lient les deux faits et pensent qu'il n'y eut qu'un seul massacre, lors de l'entrée de Sévère à Lyon. Mais tous sont d'accord sur le chiffre des victimes et tous estiment que, dans ce carnage, les haines de partis tinrent une grande place.

* *

C'en était fait des beaux jours de Lugdunum. Née avec l'empire, la cité déclina en même temps que lui. Si ses palais, abattus par Sévère, se rebâtirent, ce ne fut que sous une forme misérable. Et d'ailleurs, la colonie de Plancus était si bien frappée dans ses organes vifs, qu'elle ne devait plus jamais renaître de ses cendres. C'est un nouveau Lyon qui se formera au pied de la colline, sur la rive droite de la Saône, pour envahir plus tard le delta et la rive gauche du Rhône.

Plus harmonieusement disposé que la ville nouvelle, l'antique Lugdunum se développait dans cette sorte de golfe qu'enserrent les crêtes de Loyasse, Fourvière, Saint-Just et Saint-Irénée. Sous un ciel affranchi du brouillard qui étreint la cité moderne, la cité romaine profilait ses gigantesques aqueducs, son théâtre, son forum, ses thermes, ses portiques, et n'ayant pas d'enceinte, n'étant limitée par aucun obstacle naturel, elle pouvait espacer ses maisons dans la verdure des jardins. Aux patriciens désireux de larges résidences, les pentes qui regardent la Saône et les îles du confluent offraient mille emplacements à d'admirables villas.

Malgré ce qu'en ont dit les auteurs latins, il est probable que la destruction prononcée par Sévère ne s'appliqua point aux édifices publics. Le vainqueur d'Albin fit lui-même séjour à Lyon et son fils Bassianus Caracalla paraît y être né ; il y avait donc encore une résidence impériale. De plus, les aqueducs existaient au temps de l'invasion des Sarrazins, en 725, ainsi que de notables parties du forum.

Après l'édit de pacification de Constantin, un des successeurs d'Irénée, saint Patient, érigea en l'honneur des martyrs lyonnais une superbe basilique dont Sidoine Apollinaire nous a laissé une fort belle description. Mais où s'élevait ce temple? C'est encore matière à controverse.

Ce monument occupait-il la place de l'église actuelle de Saint-Just, ou de Saint-Irénée, ou de Saint-Nizier? La première version a pour elle l'inscription posée au fronton de Saint-Just. La seconde s'appuie sur l'existence d'une crypte, assurément fort ancienne et dont certaines parties sont de construction gallo-romaine. Enfin, les partisans de la dernière invoquent le texte de Sidoine Apollinaire disant que, de l'intérieur de la basilique, on entendait les cris des mariniers. Or, le voisinage du courant, autrefois si fort à raison des roches, et qui, à défaut de quais, devait se produire plus près de Saint-Nizier, expliquerait seul ces cris qui ont frappé le poète et que nos modères poussaient encore, il y a peu d'années.

Quoiqu'il en soit de la basilique décrite par Sidoine Apollinaire, il y eut, plus tard, une église des Macchabées, au point de jonction de la rue de ce nom et de la rue de Trion. Elle fut abattue par les protestants en 1562, et ces fils des persécutés ne surent point respecter les ossements des martyrs, recueillis et conservés dans la crypte.

***

Saint-Just formait, au moyen-âge, une baronnie ecclésiastique. Le cloître, — il était, soit dit entre parenthèses, à Saint-Irénée et non à Saint-Just — le cloître, flanqué de vingt-deux tours, fut sans contredit la plus forte citadelle élevée sur le territoire lyonnais. Il servit de résidence à plusieurs souverains et à plusieurs papes.

Innocent IV habita Saint-Just pendant six années; c'est de là qu'il convoqua le premier concile œcuménique tenu à Lyon en 1245. Clément V y fut élu et couronné, soixante ans plus tard. A l'occasion des fêtes de son couronnement il se produisit, à la montée du Gourguillon, ce grave incident enregistré par tous nos chroniqueurs.

Le cortège se rendait en pompe à la cathédrale, quand, le nouveau pontife arrivant en face du couvent du Verbe-Incarné, un mur chargé de spectateurs s'écroula. Le pape fut renversé et perdit une des pierres de sa tiare ; douze des seigneurs de son entourage furent écrasés ; le duc de Bretagne, qui tenait les rênes de la mule pontificale, violemment contusionné, mourut deux jours après.

L'histoire a fidèlement enregistré le compte des nobles victimes, mais ne dit pas mot des simples mortels qui étaient sur le mur et qui le suivirent dans sa chute. D'où je conclus que, déjà en ces temps éloignés, la chronique recherchait les noms à effet.

A la suite de la prise d'armes de Pierre de Savoie, ce fougueux prélat qui ne craignit pas de déclarer la guerre à Philippe-le-Bel, l'enceinte fortifiée de Saint-Just fut démantelée. Les calvinistes, plus tard, achèvent de la renverser.

Le cloître guerrier disparu, le calme et le silence reprirent de nouveau possession de l'espace où s'élevait la ville des Césars. Rien n'annonce que, de longtemps, il doive en être autrement ; car Lyon s'avance constamment vers le levant, se déversant de jour en jour dans les terres dauphinoises.

Dominant tout ce qui fut et sera Lyon, l'église de Fourvière se dresse au-dessus de ses verts bosquets. Si l'on peut élever quelques critiques contre l'œuvre de l'architecte, il n'y a qu'une voix pour féliciter la commission administrative. En achetant les jardins qui couronnent la colline, elle assure à la ville la conservation d'une de ses plus belles parures et à l'église la plus magnifique avenue que puisse avoir un monument.

CLOITRE DE S_T-JEAN ET SES ENTOURS

Deux pans de murs, rue de la Bombarde et rue Tramassac, témoignent encore de l'ancienne puissance temporelle des comtes de Lyon.

Nous sommes ici dans le Lyon des rois burgondes, devenu plus tard le Lyon des archevêques. Ce n'est pas que les bords de la rivière n'aient été de bonne heure couverts d'habitations, mais la véritable cité fut pendant longtemps sur les hauteurs.

Les mariniers, les trafiquants, tout ce qui forme l'élément spécial des grands centres d'échange : entrepôts, tavernes, logements de gens à la tâche, devait se trouver dans la partie basse de Lugdunum. Les actes des martyrs font mention d'une pauvre veuve nommée Lucine, qui habitait le faubourg de Pierre-Encise et qui cacha chez elle des chrétiens poursuivis.

Nous avons parlé d'un amphithéâtre que plusieurs auteurs placent dans la partie plus spacieuse où s'élève l'église primatiale de Saint-Jean. On présume qu'il s'y trouvait aussi le temple dédié à Antonin d'abord, puis à Lucius Verus, et qui prit le nom d' « Autel des Césars ». Assez souvent, les églises chrétiennes se sont substituées à des sanctuaires païens.

Mais ce n'est point Saint-Jean la première en date des églises bâties à cet endroit. L'évêque Patient, au cinquième siècle, aurait fondé Saint-Étienne, et Arige, au septième, aurait élevé Sainte-Croix et un baptistère dédié à saint Jean-Baptiste.

Une partie du terrain où l'on construisit le baptistère avait été donné par un pelletier, mû sans doute par une dévotion particulière envers le patron de sa corporation. En souvenir de cette libéralité, le jour de la fête du Précurseur, les deux doyens de la corporation des pelletiers étaient admis à se présenter, montés sur leurs mules, aux portes de l'église où le clergé venait les recevoir.

Le baptistère, agrandi et rebâti par Leydrade, devint l'église principale et la cathédrale. Les trois églises sœurs ont subsisté jusqu'à la Révolution.

Quand les rois burgondes s'établirent à Lyon, Saint-Étienne fut l'objet particulier de leur faveur : ce qui autorise à croire qu'ils habitaient un palais qui précéda celui de Roanne et que Saint-Étienne était leur paroisse.

*
* *

C'étaient de fières natures, ces chefs burgondes, et qui ne le cédaient en rien aux rois franks. Venus des bords de la Baltique, ils paraissent sur le Rhin, dès l'année 370, et prennent pied dans la Gaule orientale, sous Honorius. En 463, Gondicaire mourut à Lyon dont il avait fait sa capitale.

Son fils Gondebaud n'est guère mentionné dans l'histoire qu'à l'occasion du mariage de sa nièce Clotilde avec Clovis. Il fut pourtant un prince éminent. Parvenu à régner seul sur ceux de sa nation, comme Clovis sur les Franks — et grâce aux mêmes moyens violents — Gondebaut se montra législateur remarquable.

Après un règne de quarante-quatre ans, il eût sans doute fondé une dynastie sans la haine implacable dont la reine Clotilde poursuivit les fils du meurtrier de son père.

Pendant des siècles et à plusieurs reprises, Lyon s'essaya au rôle de capitale, sans y réussir jamais d'une façon stable. Objets d'une défiance particulière de la part de leurs voisins, tous les princes qui établissent leur siège à Lyon succombent bientôt sous une coalition. Mais, en revanche, la cité devient ainsi une sorte d'état neutre et y prend ce caractère *sui generis* qu'elle conserve encore.

Vous souvient-il d'une musique de régiment poméranien qui visita Lyon, vers 1865 ? De grands gaillards, aux cheveux jaune paille, aux pommettes saillantes et rouges, aux yeux d'un bleu incertain, l'allure pesante et solide, les traits empreints d'une brutalité soumise. Ce sont les frères des Burgondes, et — ne vous en déplaise, monsieur, et vous surtout, madame — quelques-uns de nous avaient des cousins parmi ces doux lourdauds.

Moins farouches que les autres barbares, les Burgondes étaient chrétiens depuis leur arrivée en Gaule. Ils se présentèrent moins en conquérants qu'en colons, et, en faisant la différence que comportent les temps et les circonstances, on peut dire qu'ils furent accueillis comme le sont leurs petits neveux d'Allemagne lorsqu'ils se rendent en Amérique.

La Gaule, ruinée par le fisc et par les guerres, était redevenue une sorte de terre manquant d'habitants et de bras ; faute de revenus, le Galloromain ne pouvait plus payer l'impôt; l'agriculture fut sauvée « par ces hordes, aux cheveux enduits de beurre rance, dédaigneuses des vers de six pieds en présence de leurs guerriers qui en mesuraient sept, et sentant l'ail et l'oignon. »

Certes, il y avait loin de ces intrus au jeune patricien lyonnais, Sidoine Apollinaire, qui nous en a laissé ce portrait peu engageant. Élevé dans tous les raffinements intellectuels et toutes les délicatesses de la vie romaine, gendre d'un empereur, Sidoine, qui devait mourir évêque de Clermont, ressentait déjà toutes les répulsions qu'éprouvera le gentilhomme de Versailles à l'égard du manant de 1789.

Mais c'est longtemps nous attarder dans le voisinage de cette église Saint-Étienne, aujourd'hui disparue. Finissons ce que nous avons à dire des barbares, en constatant combien les Franks, au contraire, furent peu sympathiques aux populations plus particulièrement romanisées du bassin du Rhône. Ils purent soumettre ces contrées, mais ils ne réussirent point à y prendre racine.

Après les burgondes, les mérovingiens ; puis Charlemagne et les princes de sa maison ; reconstitution d'un royaume de Bourgogne, dont le chef Boson est couronné dans cette même église Saint-Étienne ; enfin le pouvoir, un moment aux mains des comtes de Lyonnais et Forez, passe aux archevêques qui prennent, conjointement avec les chanoines, le titre de comtes de Lyon. Ce titre, ainsi que le privilège de porter la mitre, ils le garderont aussi longtemps que durera la monarchie.

Lorsqu'il perdit son autorité temporelle sur la ville, le chapitre de Lyon n'en conserva pas moins une puissance et un prestige considérables. Souverains dans toute l'étendue d'un quartier fermé d'une haute muraille, seigneurs de trente-deux baronnies dans le Lyonnais et le Forez, en possession du droit d'élire l'archevêque auquel l'enceinte du cloître n'était ouverte qu'après que le nouvel élu avait juré d'observer les franchises du chapitre, les chanoines de Saint-Jean se recrutaient parmi les plus hautes familles de la contrée. Ils fournirent plusieurs papes à l'Église ; quant aux évêques et cardinaux sortis de Saint-Jean, ils sont si nombreux que l'église de Lyon y gagna le surnom de « maison de pourpre ».

La bannière sur laquelle se détache le lion héraldique et qu'on portait naguère en tête des processions, est le dernier signe historique d'une souveraineté dont le peuple ne paraît pas même avoir gardé la mémoire.

Leur église — celle de Saint-Jean — construite par parties à diverses époques et dont la façade ne fut achevée que sous Louis XI, n'offre point la souplesse de lignes et la richesse de décors que présentent les grandes cathédrales du Centre et du Nord. Le monument est quelque peu raide et froid, d'une expression sobre, d'un style empreint, pour ainsi dire, du caractère lyonnais.

Vous n'attendez pas que nous la visitions par le menu, que nous fassions l'historique de chaque chapelle, que nous montions aux régions aériennes où se balance le bourdon, ni que nous bayions béatement devant cette horloge détraquée qu'admirent de confiance les populations « ossianiques » des montagnes — ainsi que les qualifie un des historiens de notre cathédrale. Vous pouvez les voir, ces visiteurs qui ne viennent pas tous de la montagne, entrer par groupes, franchir tout d'une traite la nef septentrionale dans sa longueur, sans souci des fidèles qu'ils bousculent ni de l'office qui se dit ; puis, se plantant devant l'horloge, se pousser du coude et échanger des regards entendus. Le mécanisme est arrêté depuis longtemps, et fût-il en mouvement que nos gens n'y comprendraient goutte. Ce qui ne les empêche de se retirer aussi satisfaits que s'ils eussent contemplé une des sept merveilles du monde.

Au milieu de la place et aux quatres faces d'un édicule décoré d'un groupe de Bonnassieux, coule une des rares fontaines de notre ville, alimentées par une source. C'est de la source dite des Chazaux que sont dérivées presque toutes les prises d'eaux du quartier.

Aller quérir de l'eau à la fontaine fournissait autrefois de charmants tableaux pour les yeux de l'artiste et du promeneur. Permis aux économistes de proclamer qu'à ce manège il se dépensait bien des efforts et se perdait bien du temps. Mais plus d'une fillette, se remémorant l'aventure de Rebecca qui trouve un mari à la fontaine, se murmure qu'après tout celle-là n'avait nullement perdu son temps ni sa peine.

Tout à côté de Saint-Jean, s'élève un très ancien bâtiment, dont l'origine a exercé bien des plumes. C'est la vieille Manécanterie, ainsi nommée parce qu'elle servait de résidence aux enfants de cœur : *mane cantare*, chanter matin.

Et, de fait, ils chantaient matin, les petits clercs du chapitre, puisque les matines commençaient à trois heures. De plus, ils chantaient sans livres ; car l'usage constant de la primatiale, jusqu'au dernier siècle, fut que tout l'office se chantât par cœur.

C'est au maintien de cette coutume qui nous paraît si singulière, que l'église de Lyon doit en partie la conservation de sa liturgie. Quant M. de Montazet (1779) voulut bouleverser l'antique rituel, il commença par introduire des livres au chœur, et, depuis, tout archevêque de Lyon a pu aisément se donner la joie, à chaque édition nouvelle, de faire quelque amputation partielle au vieux bréviaire lyonnais.

La Manécanterie est-elle la construction élevée par Leydrade, et dans laquelle il annonçait à Charlemagne avoir installé l'école des clercs? Ce n'est point impossible ; mais il est une opinion qui, sans rien enlever de son antiquité à la façade, en explique ainsi l'étrange physionomie. Ce qui est aujourd'hui une façade extérieure aurait été une des deux parois intérieures de l'ancien cloître des chanoines. Lors de l'achèvement de l'église, les parties restées debout de la vieille demeure claustrale furent démolies, et cette paroi conservée seule serait alors devenue la façade d'un bâtiment élevé par derrière.

Ce n'en est pas moins la plus ancienne construction que nous possédions. Si la démolir un jour devenait inévitable, il serait à souhaiter qu'on rétablît, là ou ailleurs, cette vénérable façade, témoin de plus de dix siècles écoulés.

L'école des clercs qui s'y trouvait est devenue, depuis quelques années, le Petit-Séminaire de la Primatiale. Savez-vous qu'il ne doit pas exister beaucoup de collèges ayant une antiquité aussi authentiquement établie, et en mesure de célébrer, avant la fin du siècle présent, le onzième centenaire de leur fondation.

Le mot cloître s'entendait en deux sens. Il y avait le cloître ou clôture monastique des frères de Saint-Etienne devenus chanoines de Saint-Jean, qui datait de l'époque où ces ecclésiastiques vivaient en communauté. La façade de la vieille

Manécanterie serait, comme nous l'avons dit, un reste de l'ancien claustral. La chapelle basse, ouvrant sur la nef de droite et où se chantent les offices de la semaine pendant l'hiver, est assurément une des galeries du cloître construit au douzième siècle.

A la même époque, l'église de Lyon étant devenue souveraine, enferma ses trois sanctuaires — Saint-Jean, basilique primatiale, Saint-Etienne, ancienne cathédrale, Sainte-Croix, église paroissiale — le palais archiépiscopal et les diverses résidences des dignitaires et des membres du chapitre, dans un cloître ou enceinte forte. La Saône, au levant, la façade méridionale de l'avenue de l'Archevêché et la rue des Deux-Cousins, au midi, la rue Tramassac, au couchant, la rue de la Bombarde, au nord, dessinent exactement cette clôture seigneuriale.

Les chanoines ne pouvaient sortir du cloître qu'à cheval, les règlements voulant indiquer que, s'ils s'éloignaient temporairement de leur église, c'était pour raison de voyage.

De toutes les maisons affectées au logement des dignitaires, la plus remarquable est celle qu'on voit encore à l'angle de la rue Saint-Jean et de l'ancienne rue Porte-Frau. Bâtie au seizième siècle, elle était la résidence du Chamarier, qui avait dans ses attributions la police du cloître et qui se trouvait ainsi posté à l'entrée principale.

Mme de Sévigné y reçut l'hospitalité, en 1672, de Charles de Rochebonne, alors en fonction. Dans la cour est le célèbre puits attribué à Philibert Delorme, qu'on regrette de voir exposé à d'inévitables dégâts et qui devrait être depuis longtemps installé sous les portiques du Palais-des-Arts.

* * *

Tout près, en dehors du cloître, s'élevait le palais de Roanne et la prison. « Tu es complaisant comme la porte de Roanne », me disait-on, quand j'étais enfant et que je refusais de rendre un service. Je ne l'avais jamais vue, cette porte formidable, mais le mot faisait fléchir toutes mes hésitations.

Ces bâtiments ont disparu en 1836, pour laisser place à un ensemble de constructions assez ordinaires, devant lesquels l'architecte a planté une colonnade faisant décor sur le quai : c'est notre Palais de Justice.

L'ancienne maison de Roanne servait de résidence aux officiers royaux ; la sénéchaussée et cour présidiale y avait son siège. Mais quelles avaient été antérieurement les destinées de ce bâtiment ?

Faut-il accepter, pour l'étymologie de « Roanne », le nom de Rhodana, patricienne qui était au nombre des martyrs lyonnais et dont la tradition place la demeure à cet endroit ? Y eut-il un hôtel servant de logis aux rois burgondes et plus tard aux comtes de Lyonnais ? A l'appui de cette dernière tradition, on peut citer les revendications réitérées de l'Eglise sur la maison de Roanne, et notamment la revendication de l'archevêque Charles d'Alençon (1370), qui en chassa les officiers royaux.

Mais de récents travaux de M. Guigue établiraient que les rois de France tenaient Roanne du dauphin de Viennois, Humbert II, celui qui, en 1349, leur céda le Dauphiné ; cent cinquante ans plus tôt, elle était aux mains d'un chanoine, Héraclius de Roannais. Un fait subsiste, au milieu de toutes ces hypothèses, c'est qu'une partie de la rue Saint-Jean a porté le nom de « rue du Palais », *vicus palatiœ*.

Il est vrai que nos pères n'étaient point chiches de cette appellation. Pris au sens de l'italien *palazzo*, le mot correspondait au français « hôtel » et désignait simplement la maison d'un personnage ou le siège d'un service public. A ce titre, le Petit-Collège est un palais.

Si vous n'êtes ni justiciable du Ve arrondissement, ni étudiant en droit, il y a belle chance que vous connaissiez de nom seulement le Petit-Collège. Dans une énorme bâtisse accotée à la montagne, dont le quatrième étage sur la place se trouve être le premier sur la montée du

Garillan, on a — je ne dirai pas logé — mais entassé : la mairie, la justice de paix, la faculté de droit, des écoles, un commissariat de police. Tant que Lyon eut une faculté de théologie, elle logea au Petit-Collège et, il n'y a pas longtemps, il s'y faisait, dans une chapelle, un service religieux en langue allemande. C'est une des plus belles applications du *compelle intrare*.

Dans cet arrangement, la faculté de droit est la moins bien lotie. Il y aurait urgence à lui donner de l'air, en lui construisant sur le quai de l'Archevêché ou place de l'Ancienne-Douane un de ces bâtiments que l'on prodigue à la moindre école — j'allais dire : merdeuse, mais je retire le mot que ne permet plus d'employer la dignité des enfants d'à présent.

Le départ de la faculté de droit mettrait à l'aise tous les services énoncés plus haut. Au surplus, la fondatrice du Petit-Collège, Gabrielle de Gadagne, n'avait point eu la prétention de loger tant de monde : elle y voulait seulement trois classes, auxquelles le Consulat en ajouta trois autres. Le père de La Chaize, confesseur de Louis XIV, était recteur de l'établissement en 1668.

Le chapitre de Saint-Jean y envoyait, pour achever leurs études, ceux de ses clercs qui se destinaient à l'état ecclésiastique; les autres étaient pourvus d'une petite somme qui leur permit de faire l'apprentissage d'une profession honorable.

Le voisinage du Petit-Collège fournissait au chapitre un moyen de tourner la décision du concile de Trente, prescrivant l'internat pour les étudiants ecclésiastiques. Les chanoines qui se refusaient à s'agenouiller pendant l'élévation de la messe — ce qui scandalisa si fort Henri IV — et qui ne manquaient pas une occasion de tenir tête à la cour de Rome, avaient imaginé que le Petit-Collège étant dans le cloître — ou à peu près — leurs clercs satisfaisaient ainsi à la règle.

**

Si vous le voulez bien, nous allons longer le bas de la colline pour nous rendre à Saint-Georges et à la Quarantaine. Impossible de ne point subir le courant d'idées particulières qui envahit l'esprit, lorsqu'on parcourt ces rues du Bœuf, Tramassac et Saint-Georges.

Vous n'êtes pas sans savoir que la première tire son nom du bœuf, sculpté à l'angle de la place Neuve-Saint-Jean, et attribué à Jean de Bologne.

Pour la seconde, il y a deux versions : *Retro Marsale* ou *Retro Massam*, derrière le temple de Mars ou derrière la masse ou les décombres. Si des arènes ont existé à cet endroit, le dernier nom s'expliquerait parfaitement, bien que, selon la judicieuse observation de M. Renan, il n'y ait dans ce quartier aucune de ces rues curvilignes qui trahissent d'ordinaire le tracé d'un ancien amphithéâtre.

Mais il est fort possible que les arènes rasées par Sévère n'aient jamais été reconstruites. Et si l'on objecte qu'il en devrait rester quelques traces au moins, nous demanderons comment il se fait que Marseille n'ait pas conservé un seul vestige des monuments dont l'avaient certainement dotée les deux civilisations hellénique et romaine. Où sont les théâtres, les temples et les aqueducs de Marseille ?

Dans la rue Saint-Pierre-le-Vieux, jadis rue Pisse-Truie, était une des plus anciennes églises de Lyon, fondée au quatrième siècle.

Au bas du Gourguillon, voici l'ancienne maison des Bellièvre, habitée plus tard par les Trinitaires qui se vouaient à la rédemption des captifs chez les Barbaresques. C'est dans le voisinage qu'était l'auberge des Trois-Fontaines, tenue par les Laurencin. Cette famille parvint à l'échevinage et à la noblesse, comme les Sala dont nous avons parlé, les Des Rieux de Messimy dont le premier auteur connu était ferratier, et tant d'autres dont le chef porta la balle ou fit même quelque métier moins honnête.

Si nous passons aux contemporains, nous relèverons, parmi les habitants de ces quartiers sordides, le légendaire père Crépin. Le nom de cet avare s'est éteint et sa fortune s'est dispersée; bien loin de figurer au livre d'Or de la cité, il n'apparaît à ses concitoyens qu'enveloppé d'un relent de misère, poursuivi par des échos de cour d'assises.

Dans les vieilles maisons de ce quartier, berceau de l'industrie de la soie, se trouvent encore quelques ménages de canuts. Le type qui s'est conservé sur la rive droite de la Saône diffère du type croix-roussien, par les allures extérieures et surtout par le langage. Une oreille exercée ne confondra pas plus les deux parlers qu'un dégustateur expert, le vin récolté au bas de la côte avec celui du sommet.

Le Gourguillon a sur la Croix-Rousse le double avantage de la priorité et de traditions mieux gardées. Car le quartier, ayant été de moins en moins recherché par les tisseurs, l'élément étranger ne s'y est pas porté et la race autochtone s'y est perpétuée plus intacte : c'est le Transtévère lyonnais.

Aussi, quand de doctes citoyens s'avisèrent de fonder une académie « à seule fin de préserver toute vieille bonne tradition lyonnoise », c'est au Gourguillon qu'ils firent élection de domicile, et ils crurent ne pouvoir mieux qualifier l'institution qu'en la dénommant : *Académie du Gourguillon*.

Vous n'êtes point sans avoir entendu parler de « l'illustre, alme et inclyte » compagnie. Pour peu qu'il vous plaise d'en connaître les statuts, je puis vous donner satisfaction, pour les parties principales au moins, bien qu'il n'existe que sept exemplaires des lettres patentes de fondation et que ce soit braconner en chasse gardée que de mettre le nez dans ce très précieux document.

Donc, l'Académie se propose la préservation des traditions lyonnaises, et les statuts déclarent « idoine à faire partie d'icelle quiconque a contribué à la dicte préservation, par la plume, le pinceau, le ciseau, le burin, le composteur ou la navette.

« Stipulé que les dicts travaux auront expressément le caractère populaire et seront propres à chatouiller la rate, pour autant que le rire est ce qui faict le plus de plaisir et ce qui couste le moins ;

« Dont suit que les travaux exclusivement graves ne constituent pas titre. Illustrant cette règle par un exemple, une nouvelle dissertation sur l'emplacement du temple d'Auguste seroit insuffisante. »

Il ne sera pas superflu de vous prévenir que, toujours en vertu de ses sages constitutions :

« L'Académie ne tient pas de séance publique.
« L'Académie ne tient pas de séance privée. »

Le nombre actuel des académiciens est de sept, sans qu'il y ait de leur part aucune prétention d'évoquer le souvenir des sept sages de la Grèce — nombre qui, pour des sages, m'a toujours paru exagéré.

Quant à leurs noms, ils appartiennent d'ores et déjà à la postérité ; ce qui permet de les reproduire ici, sans indiscrétion : Pétrus Violette, seigneur des Guénardes, Nizier du Puitspelu, dessinandier à la réforme, Claudius Canard, porteplume, Joannès Mollasson, dessinandier en bâtisse, Anastase Duroquet, veloutier, Gérôme Coquard, suppôt de la Coquille, Mami Duplateau guimpier.

＊

Tout en devisant, nous débouchons en face de l'église Saint-Georges, sanctuaire dédié d'abord à sainte Eulalie et détruit par les Sarrazins.

Rebâtie par Leydade, l'église passa, sans cesser d'être paroissiale, aux chevaliers de Saint-Jean qui abandonnèrent alors l'ancien Temple. Nombre de Lyonnais ont connu la Commanderie, gros bâtiment flanqué de deux tours, qui s'élevait à côté de l'église et baignait dans l'eau.

C'était le chef-lieu du grand prieuré d'Auvergne, dont le chapitre se tenait dans cette sorte de château-fort. Depuis la Révolution, il s'était transformé en une immense caserne ouvrière. L'aménagement intérieur de la maison « de monsieur saint Jean-Baptiste » devait laisser beaucoup à désirer; car, s'il faut en croire un propos souvent répété et jamais démenti, à la Commanderie « tout le monde allait en Saône. »

En poussant un peu plus loin, nous arrivons à la Quarantaine. Nous voilà bien loin du cloître Saint-Jean, mais l'hôpital de Saint-Laurent-des-Vignes, construit en face de l'ancien confluent et dont il reste quelques parties occupées par des industriels, était, à certains jours, une station accoutumée pour les processions du chapitre.

Jacques Caille et Huguette Balarin sa femme fondèrent cet hôpital en 1474, pour y recevoir les pestiférés. L'établissement fut agrandi par Thomas de Gadagne. De tout temps, il y eut des mauvais plaisants. Ainsi, un des amis du banquier florentin se crut autorisé à lui dire, au cours d'une visite à l'hospice : « Pensez-vous mettre ici tous ceux que vous avez ruinés ? Il n'y aura guère place que pour la moitié. »

L'ancien hôpital de pestiférés devint dépôt de mendicité en 1768, puis fut livré à l'industrie. Avant que de la berge on eût fait un quai, il était encore d'un aspect charmant, avec ses terrasses étagées sur la Saône et sa chapelle dont le portail muré n'est plus qu'à moitié visible, rue de la Quarantaine.

JUSQU'A VAISE

En formulant le programme de la promenade à laquelle je vous convie aujourd'hui, j'ai dû me tenir à quatre pour ne pas écrire « jusqu'en Vaise. » Non pour faire acte de chauvinisme lyonnais en employant une vieille locution locale, mais parce que cette expression, à tort délaissée par la langue française, est plus juste et dit mieux ce qu'elle veut dire. On peut aller jusqu'à Vaise sans y entrer; jusqu'en Vaise ne laisse aucun doute sur les intentions de celui qui parle.

A partir du Change, point de repère de toutes les excursions sur la rive droite, la partie basse de la ville va se rétrécissant entre la montagne et la rivière, pour finir en pointe à Pierre-Scize. Deux rues d'abord se dessinent parallèlement, dans le même sens que le quai — les rues Juiverie et Lainerie; puis une seule — la rue Saint-Paul;

enfin, c'est le quai, trouvant tout juste place pour sa rangée de maisons.

Ainsi qu'en témoigne la présence du Change et de la Juiverie, nous sommes dans l'ancienne cité marchande. Déjà sous Charlemagne, les juifs qui recherchaient les villes frontières et rencontraient une certaine tolérance sur les terres ecclésiastiques, avait une florissante colonie dans ce quartier.

Mais, comme tous les hommes, les fils d'Israël ont les défauts de leurs qualités. Chez eux, l'instinct du commerce est tel qu'ils vendraient n'importe quoi à Dieu le Père en personne — s'il laissait savoir son adresse. Or, en pleine civilisation carlovingienne, ne s'avisaient-ils pas de trafiquer de la chair humaine! La voix publique les accusaient même d'enlever des enfants pour les vendre aux Maures d'Espagne.

Ce grief fût-il mal fondé, que le seul fait de posséder des esclaves devait indisposer la population lyonnaise. La jouissance, à titre égal, de tous les droits civils dut être, de bonne heure, pour les habitants de Lyon, une doctrine primordiale. De leurs libertés politiques nos pères ont fait plus d'une fois bon marché, mais ils se sont toujours montrés intraitables pour leurs droits civils.

L'archevêque Agobard, le successeur de Leydrade, voulut racheter les esclaves des juifs.

Le prix offert était-il un peu chiche ? Les maîtres tenaient-ils à un usage, en somme, conforme aux lois mosaïques ? En tous cas, ils se trouvèrent de puissants protecteurs en haut lieu, les dames de la cour et l'impératrice Judith ayant, paraît-il, des comptes-courants ouverts dans les comptoirs lyonnais, et les banquiers gardèrent leurs esclaves.

Durant cinq siècles encore, les juifs restèrent forts et puissants à Lyon. Leur synagogue occupait, à mi-coteau, l'emplacement du château de Bréda. Loin de s'imposer cette contrainte et ces dehors de misère qu'ils empruntent souvent ailleurs, ils vivaient largement, et leurs femmes, par le luxe de leur mise, éclipsaient les plus grandes dames. Ce fut seulement en 1379 qu'on les expulsa, et, dans cette expulsion, la question religieuse ne fut que le prétexte. En réalité, il s'élevait de temps à autre, contre eux, ce mouvement réprobateur auquel nous assistons encore, contre les étrangers.

Beaucoup se fixèrent à Trévoux, d'autres vécurent cachés à Lyon. Mais plusieurs durent se faire baptiser, ainsi que semble l'attester certains noms de famille à forme hébraïque et d'autres appellations dérivées du mot « juif » : Jude, Jutet, Jussieu, Jusset.

A cette colonie succéda celle des Italiens. Ces « Lombards » dont le nom est resté, dans la langue courante, synonyme de Juifs, n'héritèrent pourtant point, à Lyon, de la réprobation attachée à leurs devanciers.

Dans une ville cosmopolite comme le Lyon d'autrefois, l'origine étrangère était vite oubliée, du moment qu'aucun signe ne maintenait à perpétuité la différence de race. Aussi voit-on ces émigrants Italiens prendre rapidement droit de cité et parvenir aux fonctions municipales.

Les premiers étaient venus se fixer à Lyon au douzième siècle ; un Médicis y tenait banque en 1353 ; le courant ne s'est jamais interrompu, et c'est à la présence de cet élément sans cesse renouvelé qu'il faut peut être attribuer la physionomie de notre cité qui, suivant Michelet, est la plus italienne de toutes les villes de France.

Rue Saônerie, aujourd'hui disparue et absorbée par le quai de Bondy, demeurait Etienne Turchetti ou Turquet, « premier inventeur » du tissage de la soie, ainsi que le qualifient d'anciens actes — indûment, car Turquet n'établit sa fabrique qu'en 1536, et Lyon possédait des « tissotiers » de soie depuis près d'un siècle.

Déjà Louis XI, qui soignait les bourgeois lyonnais comme on soigne un client de rapport et cherchait à leur faciliter leurs affaires, afin de mieux assurer les siennes, avait voulu établir une fabrique de soierie à Lyon (1466). Mais, cette fois, l'affaire ne s'annonçait bonne que pour le roi : il s'assurait le monopole et le profit de l'établissement et laissait les charges à la ville. Aussi le Consulat se fit tellement tirer les deniers nécessaires à l'entreprise que la fabrique fut transférée à Tours.

Des tisseurs continuèrent à travailler pour leur compte, puisque Gilbert, fils de Cristofle, originaire de Crémone, conteste à Turquet son titre de promoteur, en prouvant que l'atelier de son père existe depuis 1517.

Ce Turquet, d'ailleurs, n'était rien moins que tisseur de profession. Venu d'outre-monts, en quête de la fortune — comme viennent encore beaucoup de ses compatriotes — il n'appartenait point au patriciat des grandes Républiques italiennes, comme les Alamani, les Capponi, les Bonvisi, les Gondi, les Pazzi, les Gadagni. Il tenait boutique de mercier, c'est-à-dire qu'il vendait des étoffes, des objets de parure, des produits étrangers, et, du même coup, était harenger et marchand de salaison.

C'est sans doute par ce dernier métier qu'il avait débuté. Quoiqu'il en soit, Turquet était, en 1528, inscrit comme notable. Peu après, à la suite de la famine de 1531, il prenait part à la fondation de l'Aumône générale, mais sans négliger le soin de ses petites affaires : car il fit passer, par eau, à Lyon, des convois de blés que le Consulat voulut en vain arrêter, les blés de Turquet étant destinés aux galères du roi.

S'étant assuré le concours de Barthélemy Nariz, un de ses compatriotes, il proposa à la ville d'établir des ateliers pour la teinture, le dévidage et le tissage de la soie (1536). Un prêt d'argent fut consenti par le Consulat, des privilèges furent accordés par François Ier, alors à Lyon, qui déclara les ouvriers en soie francs de tout impôt et de tout service dans la milice. Les tisseurs de Gênes et de Lucques affluèrent aussitôt, et, en moins de vingt années, leur nombre atteignait douze mille.

Par ce que j'en dis, je ne prétends point diminuer le service rendu par Turquet à sa ville d'adoption. Bien qu'il n'ait pas risqué dans l'affaire un sou de sa poche et que tout le mérite de l'organisation technique paraisse revenir à Nariz seul, Turquet n'en réussit pas moins à doter définitivement Lyon d'une industrie à laquelle notre cité doit sa prospérité, sa richesse et sa gloire. Les Turquets — subalpins ou autres — ne nous ont pas manqué depuis trois siècles ; mais, s'ils ont fait leurs affaires personnelles, nous n'en avons guère tiré profit.

Pour les Suisses aussi, Lyon a toujours été un de leurs séjours favoris. Les ruelles de l'Arbalète et des Treize-Cantons ont emprunté leurs noms à des auberges où logeaient les compatriotes de Guillaume Tell, pendant les grandes foires.

*
* *

Ces foires s'ouvraient aux Rois, à Pâques, le 4 août et le 3 novembre. Impossible d'en parler sans que nous donnions au moins un souvenir au tribunal de la Conservation, ainsi nommé parce qu'il avait pour objet premier de conserver et garder les privilèges des foires. De ce mandat découla nécessairement la connaissance des faits de négoce, en temps de foires et hors foires, avec ce caractère particulier que la Conservation en connaissait au civil comme au criminel, qu'on ne pouvait lui opposer aucun privilège de clergie ou de noblesse et que ses arrêts étaient exécutoires en tous lieux, jours et heures, et nonobstant appel.

Cette institution est une des plus originales du Lyon de jadis; elle présente un véritable phénomène dans l'ordre légal et judiciaire, et telle était l'autorité morale de cette juridiction qu'en dépit de l'opposition incessante des parlements et des justiciables, nobles ou gens d'église, ses décisions recevaient partout leur exécution. A l'étranger même on s'y soumettait et il y a des exemples de jugements exécutés jusque dans les pays barbaresques.

Nos pères, vous le savez, tenaient à avoir dans leurs mains tous les services administratifs ou financiers, touchant de près ou de loin à la cité.

Aussi affermaient-ils les douanes royales et les percevaient ensuite au profit de la caisse municipale.

En raison des foires et de l'importance exceptionnelle du trafic lyonnais, la douane de Lyon représentait de grosses recettes ; elle était d'ailleurs l'entrepôt obligé de toutes les étoffes d'or et de soie, en provenance d'Orient, d'Italie ou d'Espagne.

L'aspect de la place actuelle de l'Ancienne-Douane ne rappelle en rien ce colossal mouvement d'affaires. Seules quelques voitures publiques, desservant les villages de la montagne, déversent une fois ou deux par jour leur modeste contingent de voyageurs ou de colis, sur cette place appelée à disparaître dans les projets de réfection générale de l'ancienne ville.

A ce quartier est encore attaché le souvenir d'une des grandes institutions lyonnaises : nous voulons parler de l'Hôtel-Dieu. C'est là, en effet, que Childebert et Ultrogothe fondèrent, en 548, le premier hôpital connu en France. Il s'y maintint sous le vocable de Notre-Dame de la Saônerie, jusqu'à la fin du douzième siècle, époque où il fut transféré vers le pont du Rhône.

En attendant le jour encore éloigné où le pic des démolisseurs achèvera l'œuvre commencée sur quelques points, nous pouvons aisément nous faire une idée du Lyon ancien, par les seules rues Juiverie et Lainerie — cette dernière, autrefois, rue de l'Asnerie.

L'aristocratie financière du moyen âge et de la Renaissance avait, en effet, doté ce quartier de belles habitations, aujourd'hui méconnaissables, tant à cause des remaniements qu'elles ont subies, qu'en raison des usages auxquelles elles sont affectées. Pour n'en donner qu'un exemple, les maisons portant les numéros 8 et 10, rue Juiverie, sont, en partie, l'œuvre de Philibert Delorme.

A parcourir ces vieux quartiers et à visiter ces demeures jadis habitées par des citoyens aisés, on est surpris de l'étroitesse des rues et de l'exiguïté du plus grand nombre des logements. Il semble que nos anciens fissent à plaisir leurs rues tortes, étroites et sombres.

Le tracé de ces rues, ne l'oublions pas, était celui de chemins existants de toute antiquité. Des cabanes et des entrepôts s'étaient établis le le long de ces chemins ; plus tard les maisons ont remplacé les cabanes, et il existe encore bon nombre d'immeubles, sur les anciens quais et dans certaines rues, dont les façades n'ont qu'une ou deux fenêtres de largeur. Ces maisons occupent certainement des fonds bâtis depuis des siècles et dont les limites n'ont jamais varié.

Sur un terrain à l'état de nature, le tracé d'un sentier d'abord, puis d'un chemin, est toujours capricieux. Au surplus, je ne suis point fanatique de la ligne droite, si ce n'est pour quelques grandes voies, et je me demande s'il ne se fera pas, un jour, une réaction pour les rues comme il s'en est faite une pour les allées de jardin. Après les avoir tracées au cordeau, on s'évertue maintenant à leur donner les formes les moins rectilignes et les plus imprévues.

Si les vieilles rues nous semblent étroites, ne perdons pas de vue que la largeur d'une voie est chose relative. Aux époques où les voitures étaient à peu près inconnues et où tous les charrois se faisaient à dos d'ânes, de larges chaussées eussent été un luxe inutile. Quant à la lumière, elle pénétra suffisamment tant que les maisons furent à un ou deux étages.

Car, pendant fort longtemps, les habitations comportèrent au plus une boutique au rez-de-chaussée, un logement au premier étage et un galetas au second. Quand l'introduction du tissage des soies accrut subitement la population, le nombre des étages fut porté à trois et à quatre ; c'est notre siècle seulement qui créa les cinquièmes, sixièmes et au-dessus, puisqu'il existe des septièmes et huitièmes.

Aussi les propriétaires lyonnais, rougissant de la hauteur exagérée de leurs maisons, ont-ils imaginé d'en supprimer un — en théorie — en inventant l'entresol. Ce qu'on appelle un troisième à Lyon est, en bon français, un quatrième — parfois même, un cinquième, car il est des maisons à deux entresols !

Pour ce qui est de l'exiguïté des logements, il faut tenir compte des mœurs simples et parcimonieuses de nos pères. La même pièce servait souvent de cuisine et de salle à manger. Une « souillarde » était réservée au dépôt des choses et aux manipulations susceptibles de choquer la vue ou l'odorat, et les domestiques du temps — véritables membres de la famille — ne pouvaient, par leur présence, être une gêne pour leurs maîtres. Une chambre pour les parents, une autre pour les enfants, c'était le comble d'un luxe dont la sagesse de nos aïeux savait s'accomoder.

Et puis, il est peut-être encore une cause au peu de développement que les princes du négoce ont donné à leurs demeures : tous possédaient de belles villas ou des châteaux aux environs, et certains indices prêtent à croire qu'ils habitaient ou que leurs familles au moins habitaient ces maisons des champs pendant la plus grande partie de l'année. C'est là qu'ils recevaient et donnaient des fêtes, comme le fait l'aristocratie anglaise, et l'habitation de la ville n'était qu'un pied-à-terre pour l'hiver.

Un fait certain, c'est que la plupart des quittances de fermage d'une certaine époque, sont signées par les femmes des propriétaires et non par les négociants eux-mêmes. Ce qui autorise à penser que les dames étaient en résidence, à peu près permanente, à la campagne, et qu'elles ne venaient en ville que durant la mauvaise saison ou à l'occasion de quelque chevauchée, tournoi ou fête populaire.

*
* *

Il est, dans nos anciennes maisons, un détail d'architecture que vous n'avez pu manquer de remarquer : ce sont les tourelles. Presque toujours, une tourelle — ronde, carrée ou octogone — laquelle n'est ordinairement qu'un prolongement de la cage d'escalier, domine l'ensemble de la construction. De Fourvière, on les compte par centaine.

J'ai interrogé là-dessus les architectes : ils m'ont répondu que c'est un motif décoratif ; les archéologues : ils m'ont dit que c'est une particularité toute lyonnaise. Peu satisfait, j'ai cherché une autre explication. La voici, je vous la donne pour ce qu'elle vaut.

Lors de la réunion — il serait plus juste de dire l' « union » — lors de la réunion de Lyon à la

CHÂTEAU DE PIERRE-SCIZE

couronne, Philippe le Bel reconnut aux habitants toutes les franchises et tous les privilèges accordés aux nobles du royaume. Au nombre de ces privilèges figurait celui de posséder des colombiers. Ne serait-ce pas, non précisément pour héberger des pigeons — bien que le fait ait dû se produire souvent — mais aussi pour affirmer leur qualité de bourgeois ayant des droits égaux à ceux de la noblesse, que les anciens Lyonnais avaient décoré leurs maisons de cet appendice nobiliaire ? Plus tard, la tradition s'en est gardée, bien que le motif ait été perdu de vue.

Ces tourelles sont toutes habitées ; elles ont même une clientèle spéciale. Je connais de braves gens qui ne peuvent admettre un autre logis, et qui, au fur et à mesure des démolitions, se mettent en quête d'une autre tourelle, anxieux comme vous le seriez, si vous étiez menacé de changer de planète.

***

Dans l'ancien hôtel Bullioud, au numéro 8 de la rue Juiverie, où l'on admire la belle galerie de Philibert Delorme, il y eut longtemps un théâtre d'amateurs. Plusieurs bons artistes y ont fait leurs premiers débuts, entre autres Frédéric Achard.

Le Conservatoire de musique est maintenant installé dans une ancienne et belle maison de la rue Lainerie. De tout temps, Lyon a fourni un contingent assez remarquable d'artistes lyriques. On peu néanmoins dire que, si les Lyonnais sont très chanteurs, ils sont aussi peu musiciens que possible. Pris à l'état de nature, ils chantent faux avec un ensemble parfait. A celui qui en douterait, je dirais : « Entrez dans une église. »

Partout ailleurs, un groupe de chantres ayant de la voix et un peu de méthode, interprète correctement les différentes parties de l'office. A Lyon, c'est un déchaînement de sons vocaux qui se chevauchent, s'enchevêtrent, s'escaladent, sans aucune règle ; chaque côté du chœur donne l'assaut à l'autre, les fidèles brodent sur le tout, et personne ne paraît souffrir de cette cacophonie. Messieurs nos curés devraient bien fonder un Conservatoire de plain-chant.

En passant devant Saint-Paul, saluons la statue de Gerson, mort à Lyon et inhumé dans l'église Saint-Laurent qui s'élevait tout à côté.

Si peu versé que vous soyez dans la vie ascétique et contemplative, je ne vous ferai pas l'injure de vous demander si vous connaissez, au moins de nom, l'*Imitation de Jésus-Christ*. Le croyant et le penseur trouvent, dans ce livre, la plus haute expression de l'idée religieuse appliquée à la vie intérieure ; le sceptique ne peut se refuser à y reconnaître une des œuvres les plus étonnantes qu'ait enfantées l'esprit humain. L'auteur de ce remarquable travail ne s'est point nommé, mais plusieurs indices permettent d'en attribuer la paternité à Jean Gerson.

Saint-Paul avait été d'abord bâti, au sixième siècle, sur l'emplacement d'un ancien temple. Ruinée par les Sarrasins, l'église fut restaurée par Leydrade, et peut-être certaines parties remontent-elles à l'époque carlovingienne. La coupole qui surmonte le chœur, est du treizième siècle ; elle donne au vieux sanctuaire une physionomie qui n'est point banale.

***

Nous voici à l'entrée de Bourgneuf. Ce nom rappelle l'ancienne bande de ce nom, qui tenait une si grande place dans les réjouissances du carnaval. La bande de Bourgneuf était commandée par Exbrayat, que nous avons connu, il y a quelque vingt ans, en habit noir et chamarré de décorations, remplissant les fonctions de juge de camp aux luttes épiques de Rossignol-Rollin.

Mais, au temps de sa verte jeunesse, c'était costumé en Hercule, avec la peau de lion et la massue traditionnelle, qu'Exbrayat apparaissait aux regards des mortels. Sa troupe était composée de nègres enchaînés, de turcs et de chevaliers. Le dimanche des Brandons, on se joignait aux « Souffleurs », aux « Gagne-petit », aux bandes de Saint-Just, de la Croix-Rousse et autres lieux, et, tambours battants, tous allaient dîner à Saint-Fons.

C'est le retour qu'il fallait voir — ou plutôt ne pas voir ! Aux rouges lueurs des torches fumeuses, l'immense cortège, qui à pied, qui à cheval, défilait dans les postures les plus négligées, échangeant avec le public les propos les moins traduisibles. Mais rendons cette justice au bon sens de nos devanciers, qu'ils n'avaient pas même l'idée de mêler le moindre grain de politique à leurs ébats. Ils pensaient que la place de la politique est au forum, et ils pensaient juste.

Ces fêtes ont pris fin en 1848. Au bon vieux temps, on mêlait volontiers au cortège les maris battus par leurs femmes. Cette promenade avait nom « Chevauchée des martyrs » et elle se pratiquait avec une mise en scène et une solennité que nous ne connaissons que par les chroniqueurs d'antan.

On y voyait, équipés de la façon la plus fantaisiste, le gentilhomme de la rue Dubois, le capitaine du Plâtre, le duc de la côte Saint-Sébastien, le comte du Puits-Pelu, le chevalier de Saint-Romain, l'abbé de Saint-Georges, celui du Temple, la princesse de la Lanterne, le grand

Bacha de la rue Mercière, le vicomte du Puits-du-Sel, le baron de la rue Neuve, le juge du Bourg-Chanin, etc., chacun suivi des martyrs de son quartier, c'est-à-dire des hommes qui s'étaient laissé battre par leurs femmes. « Ce qu'estoit chose bonne et excellente à voir. »

Nos organisateurs de cavalcades de bienfaisance ne pourraient-ils pas ressusciter ces traditions, nous rendre ces personnifications de nos vieux quartiers — en supprimant, comme il va de soi, les maris battus ?

Du reste, cet élément est devenu rare, et il serait difficile de composer une procession de maris battus. Cependant, il m'a été donné, dans mon enfance, de contempler une fois ce spectacle. Le héros — peut-on lui donner ce nom ? — le héros de la fête était représenté par un voisin obligeant, grimé aussi bien que faire se pouvait. Le cortège était modeste et n'avait rien de l'apparat énoncé ci-dessus.

Mais ce n'en était pas moins « chose bonne et excellente à voir », et, de ma vie, je n'oublierai ce grand flandrin, coiffé d'un placide bonnet de coton, monté sur un âne qu'il chevauchait à rebours, et tenant entre ses mains la queue de sa monture qui, vous le pensez bien, ne subissait pas cette prise de possession sans y opposer d'énergiques revendications.

*
* *

Un spectacle, autre que ceux du carnaval et de la promenade sur l'âne, s'offrait autrefois aux habitants de Bourgneuf : c'était le spectacle des entrées royales et princières.

Entre toutes, la réception faite, le 23 septembre 1548, à Henri II et à Catherine de Médicis, est restée dans nos annales comme une des plus remarquables.

En tête marchaient les trois cent trente-huit arquebusiers de la ville, vêtus de satin blanc rayé d'or, le prévôt des marchands et ses archers à cheval. Que sont, auprès de ces brillants arquebusiers, nos pauvres urbains, sanglés dans leurs tuniques des dimanches !

Venaient ensuite les soixante corps de métiers, avec leurs bannières, précédés de fifres et tambours, en pourpoints de velours ou de satin, les orfèvres au nombre de deux cent vingt-six, les imprimeurs, de quatre cent treize, les teinturiers, de quatre cent quarante-six.

Puis les cinq nations, Lucquois, Florentins, Gênois, Milanais et Allemands, à cheval, en robes de velours et de drap d'or, avec leurs pages habillés « à la romaine » ou costumés en velours noir et blanc. Enfin, l'archevêque et le clergé, le

Parlement des Dombes, les notables de la ville et le corps consulaire, escorté de ses laquais en livrée de satin cramoisi, et des mandeurs portant les armes de la ville sur la manche.

Tout le long du chemin, ce n'était que tentures, feuillées et estrades, avec décors et personnages allégoriques. La mythologie, dans ces solennités, tenait toujours un grand rôle, et les plus belles « pucelles » lyonnaises s'y montraient sous de splendides atours, revêtues, ou plutôt, suivant le mot des anciennes chroniques, « dévêtues à l'antique. »

A l'entrée de Henri II, entre autres représentations, il y eut une Diane chasseresse entourée de ses nymphes. Etait-ce une courtisanerie ? était-ce une épigramme ? Nos vieux Lyonnais étaient des pince-sans-rire avec qui un Valois même n'était pas toujours sûr d'avoir le dessus.

La dernière de ces entrées brillantes fut celle des petits-fils de Louis XIV, en 1701. Dans le programme des réjouissances figure une illumination des hauteurs de Fourvière et des Chartreux ; c'est la première de ce genre dont il soit fait mention.

Sans remonter aussi haut, nous avons eu l'entrée du duc de Nemours et du prince-président ; mais les bateaux à vapeur avaient remplacé les carosses, et c'est en pleine ville que ces visiteurs ont débarqué.

Beaucoup de nous les ont connues, ces *Hirondelles* faisant le service entre Lyon et Châlon, et nul n'a oublié le fameux cri, aux approches d'un ponton de la route : « Les voyageurs qui débarquent, passez sur l'*arnier* du bateau. »

Un mode de transport, plus ancien, et qui n'est plus qu'à l'état de souvenir, c'étaient les bêches de Serin. De robustes batelières vous conduisaient à la rame, et « ces néréides, dit un écrivain de 1810, se distinguaient par l'élégance de leur mise, leur prévenance recherchée et les agréments de leur figure. » Voilà qui valait bien nos bateaux-mouches !

Il faut pourtant savoir gré à l'administration des mouches d'avoir donné, sur ses pontons d'abordage, les invalides aux derniers vétérans de l'antique batellerie lyonnaise, aux descendants de ces mariniers qui, des nautes gaulois aux modères contemporains, ont tenu deux mille ans l'empire des eaux.

Souverains caducs et déchus, vous pouvez les voir attacher encore d'une main ferme les amarres, conservant obstinément les boucles d'oreilles de leur lointaine enfance et regardant, rêveurs, s'éloigner ces bateaux mus par un organe invisible.

Leurs sympathies, on le sent, sont toutes pour les canots à rame qui remontent le courant ou filent à la descente. Ils ont un sourire paternel pour les rameurs novices, s'essayant sur un bateau à l'heure — un de ces bateaux qu'on loue encore chez le père Cornet, à Saint-Paul.

Brave père Cornet, il n'était déjà plus jeune, il y aura tantôt quarante ans. Je crois encore l'entendre s'exclamer à la vue d'un de ses « barquots » qu'il ne trouvait pas repeint à sa guise : « Quel est donc le Raphaël qui m'a *pinxit* cette embarcation ? »

* * *

Nous voici, cependant, vers l'Homme de la Roche. Placée sous une grotte et encadrée de vigne-vierge, une statue est élevée à Jean Kléberg. Originaire de Nuremberg, « le bon Allemand » obtint le droit de cité lyonnaise et fut un des premiers administrateurs de l'Aumône générale.

La tradition veut qu'il dotât les filles pauvres et sages de son quartier. Possible qu'il le fît de son vivant — si toutefois il habita jamais le Bourgneuf — mais il n'a laissé aucune fondation à cet effet. A nos yeux, sa mémoire n'en vaut pas moins ; car ils n'ont pas toujours été impeccables, ceux qui ont institué des prix pour les rosières, et trop souvent cette libéralité posthume n'a eu d'autre objet que d'expier des libéralités moins avouables et pratiquées en sens contraire, au cours d'une existence facile.

La statue que nous voyons a été érigée en 1849. Auparavant, il en existait une autre, placée sur le rocher, habillée en héros romain tel qu'on les concevait alors, et curieusement coloriée. Cette effigie qui en avait remplacé plusieurs autres, représentait-elle Jean Kléberg ? La chose

a été fort contestée, et il ne serait pas impossible que, remontant les siècles, on trouvât, à l'origine, une image d'Hercule *saxifragus* ou de Mars, élevée à l'occasion de la tranchée ouverte par les légionnaires d'Agrippa, tout le long du rivage occidental de la Saône.

C'est, du reste, sur la rive opposée, à l'endroit où aboutit le passage Gonin, que furent trouvés en 1847, les fragments d'une gigantesque statue de bronze, de treize à quatorze mètres de haut, si l'on en juge par ce qui nous reste. Peut-être la modeste statue de la rive gauche perpétuait-elle quelque souvenir se rattachant au colosse renversé.

Le quartier que supporte le rocher s'appelait autrefois « Thunes ». Il s'y trouvait un cabaret où nos pères — ou plutôt nos oncles, allaient godailler et faire carrousse. Comme le château de Ripaille, ce cabaret avait donné naissance au mot : « faire Thunes ». Dans mon enfance, j'ai quelquefois entendu cette expression, mais un peu défigurée par des gens qui en avaient perdu la version exacte et qui se promettaient de « se faire de thunes », lorsqu'ils allaient en partie joyeuse.

Un peu plus loin, se dressait le château de Pierre-Scize, cette citadelle de l'ancienne puissance temporelle des archevêques, dont Louis XI réussit à s'emparer et qui devint prison d'Etat. De tous les captifs enfermés à Pierre-Scize, Cinq-Mars et de Thou sont restés les plus célèbres dans la mémoire populaire.

Après la perte de leur château fort, les archevêques n'en demeurèrent pas moins seigneurs justiciers de Bourgneuf et Pierre-Scize. Comme tels, jusqu'en 1789, ils nommaient un juge et un procureur fiscal.

Peut-être vous êtes-vous demandé quel était l'origine de ce procureur fiscal qui, dans le répertoire de Guignol, tient un rôle si actif et dont les vertueux agissements ne sont pas toujours récompensés ? C'est, vous le voyez, un personnage parfaitement historique et authentique. Chargé de dresser les contraventions et d'encaisser les amendes, il ne pouvait manquer d'être pour Guignol ce que le commissaire est ailleurs pour Polichinelle.

La démolition de la bastille lyonnaise fut commencée le 19 octobre 1793. Petit à petit le rocher qui la portait a été entamé, et une redoute d'assez pauvre mine rappelle seule l'emplacement de la forteresse séculaire d'Agrippa, des rois burgondes et des archevêques. Vers 1848, on voyait encore la paroi d'une des anciennes citernes souterraines, demeurée suspendue au faîte du rocher : la voix publique ne manquait pas d'en faire une oubliette.

Cette disparition complète d'un édifice qui tint une si grande place dans l'histoire de la cité et que nos grands pères ont vu debout, suffit à expliquer que d'autres monuments aient pu disparaître sans laisser de traces, et que les écrivains du moyen âge en aient été déjà réduits aux conjectures sur les lieux où s'élevaient les arènes ou l'autel d'Auguste.

***

En continuant notre course, nous arrivons en face de l'Observance, dont la chapelle tombée en ruines après la Révolution, puis démolie il y a quarante ans, eût mérité d'être sauvée par une restauration intelligente.

L'ancien couvent des Cordeliers, fondé par Charles VIII et Anne de Bretagne est maintenant affecté à l'Ecole vétérinaire, la première, de ce genre, et créée par Claude Bourgelat, en 1761.

Il existait une Académie royale d'équitation, installée dans le quartier d'Ainay, à l'endroit où a été percée la rue qui porte le nom de Bourgelat : celui-ci en était directeur. Lorsqu'il ouvrit son école, située d'abord à la Guillotière, le peuple n'y vit qu'un déplacement de l'Académie d'équitation et lui en conserva le nom.

Aussi, raconte-t-on qu'un inspecteur de l'Université, il y a peu d'années, prend un fiacre, à son arrivée à Lyon, et dit au cocher de le conduire chez le recteur de l'Académie. L'automédon dont l'oreille a été frappée par le dernier mot seulement et qui flaire dans son client un membre de la confrérie hippique, le conduit tout droit à l'Ecole vétérinaire. Le plus stupéfait des deux ne fut pas le fonctionnaire, mais bien le cocher. Ce brave homme ne pouvait admettre la co-existence d'une autre académie, et son voyageur déchut immédiatement de la haute estime qu'il s'était sentie pour lui.

A l'entrée du faubourg de Vaise, on démolit en 1707 un monument antique, le dernier que Lyon ait gardé debout ; il était connu sous le nom de tombeau des Deux-Amants. « Sur un vaste socle, dit un contemporain témoin de cet acte barbare, s'élevaient quatre pilastres qui supportaient un entablement, couronné des deux côtés par un fronton. L'entrepilastre d'une des faces était muré ; les trois autres faces étaient ouvertes. »

Vous reconnaissez facilement, à cette description, un monument pareil à ceux de Trion, reconstruits place de Choulans, mais avec cette différence qu'il avait conservé le second étage et l'entablement que ceux-ci n'ont plus.

Ce tombeau avait reçu ce nom des Deux-Amants, par suite d'une fausse interprétation de l'inscription suivante : « *Amandus frater sorori carissimæ sibique amantissimæ.* » Il n'en demeura pas moins, plusieurs siècles durant, une espèce d'autel où amoureux et amis venaient se jurer un attachement éternel.

Sur la partie du quai qui formait la place des Deux-Amants, on peut voir, incrustés dans la façade d'une maison, des fragments de sculpture représentant des signes du Zodiaque ; ils proviennent de l'Ile-Barbe. Cochard, dès l'année 1817, exprimait le regret que ces débris ne fussent pas déposés au Musée, regret qui serait applicable à bien d'autres souvenirs de l'art lyonnais.

C'est à Vaise que se rejoignent les deux routes de Paris. Il faut parcourir le vieux chemin du Bourbonnais et la montée de Balmont pour se faire une idée de la viabilité jusqu'au temps de Louis XVI. Une pyramide décorait autrefois la place circulaire où les deux routes aboutissent.

Ce quartier, ancien faubourg de Lyon, s'est formé, à une époque reculée, autour d'une église bâtie par l'évêque Arige, en 603. Le monument actuel est l'œuvre de M. Desjardins.

Abordé par Vaise, Lyon s'offre au promeneur sous ses aspects les plus pittoresques, et la courbe continue que décrit le quai fait, à chaque pas, varier le tableau. Sur les deux pentes presque à pic, entre lesquelles coule la Saône, s'étagent, dans la verdure, des constructions pour la plupart anciennes et dont plusieurs ont bien cette physionomie italienne qui frappe l'observateur.

A gauche, la caserne de Serin, ancien grenier d'abondance, le fort Saint-Jean, la promenade des Chartreux et le dôme que Soufflot plaça comme une tiare au front de la colline. A droite l'École vétérinaire et ses bosquets escarpés, sa petite église d'un style néo-grec qui ne console pas l'artiste de l'ancienne chapelle détruite, le fort de Loyasse, avec ses quelques arbres qui, vus de certains endroits, donnent l'illusion d'un bouquet de palmiers, le rideau vert de Montauban, et, tout au bout, l'ancien couvent des Carmes dont le campanile, la toiture aux lignes rompues et la terrasse sont d'un effet décoratif des plus heureux.

AUTOUR DE L'HOTEL-DE-VILLE

Nous allons repasser le pont parcouru lors de notre première promenade et mettre le pied sur cette partie de la rive gauche de la Saône, longtemps appelée « bourg de Lyon » par opposition à « la cité de Lyon. »

C'est là que prit naissance, au commencement du treizième siècle, la « commune et université lyonnaise. » Rechercher comment la tradition des antiques municipes s'était perpétuée à travers les âges, quels vestiges des institutions romaines se retrouvaient dans les corporations lyonnaises, est une tâche bien faite pour tenter la plume d'un historien. En l'état, les documents connus laissent subsister plusieurs lacunes, parfois d'un siècle entier, et la reconstitution d'une histoire intégrale exigerait plus qu'une vie d'homme. Renouvelant l'œuvre des Bénédictins, il faudrait qu'une société ou académie se créât uniquement dans ce but et poursuivît, jusqu'à parfait achèvement, cette glorieuse entreprise.

Pour nous, simples promeneurs, qui marchons un peu au hasard, à travers les plates-bandes de l'histoire, nous ne pouvons que nous remémorer d'une façon sommaire les origines d'une organisation municipale successivement entamée par la royauté et supprimée par la Révolution, après une durée de six cents ans.

Constatons d'abord que la question financière se retrouve à l'origine de tous les débats que nos pères ont eus avec le pouvoir régnant. Très coulants sur les rapports politiques, les Lyonnais prennent feu aussitôt qu'on touche à leurs droits civils ou qu'on soulève la question d'impôts.

De par son origine même, Lyon se trouvait, sous l'administration romaine, exempt de la capitation. Cette taxe fut maintenue par les barbares, puis par la féodalité, sous le nom de taille. Les Lyonnais ne s'y étaient jamais soumis que temporairement et sous le coup de la force, et, au moment de la réunion de leur ville à la couronne de France, ils feront de cette exemption une des conditions premières du traité.

Même pour les impôts indirects, nos aïeux n'acceptaient pas de les payer entre les mains des agents de prince. La cité s'en rachetait, moyennant une somme fixe et débattue, et c'était la communauté qui percevait ensuite les contributions des citoyens.

Ce régime fiscal, qui s'est perpétué jusqu'à la Révolution, s'il ne remonte pas au temps de l'empire romain, est au moins fort ancien, puisque nous voyons, vers la fin du douzième siècle, une émeute éclater à propos du rachat d'un impôt sur le vin, établi par l'archevêque.

Vous savez le reste : l'émeute prit bientôt les proportions d'une vraie révolution ; les corps de métiers se réunirent sous leurs bannières ou pennons et formèrent autant de compagnies armées ou pennonages, dont cinquante bourgeois élus prirent la direction.

Qu'est-ce donc que ces corporations si puissamment organisées ? Ce ne sont plus de simples communautés industrielles ou marchandes. Il y a, pour sûr, dans leur constitution, un élément politique ; il faut, d'ailleurs, admettre qu'un lien antérieur les rattachait entre elles et que la perception des contributions rachetées se faisait par les soins d'une administration centrale.

Pour qu'une révolution réussisse à asseoir un ordre de choses durable, il importe non-seulement qu'elle ait la force, mais aussi que ses revendications soient justes et sa direction éclairée. Les bourgeois lyonnais avaient tout cela pour eux. Les plus notables familles — c'est-à-dire celles où se rencontre la double autorité de l'intelligence et de la fortune — se trouvaient représentées dans la Cinquantaine.

L'archevêque et le Chapitre se sentant impuissants à maîtriser ce mouvement, la commune se constitua, et, en 1208, un traité fut conclu entre les deux puissances : l'Eglise conserva les terres du côté de France et les bourgeois furent reconnus maîtres du côté de Saint-Nizier.

*
* *

Depuis deux cents ans déjà, Lyon était ville impériale. A la vérité, la suzeraineté des empereurs était toute nominale, et l'on peut s'étonner que Lyon, secouant le joug de l'empire et se gardant de l'autorité royale, n'ait pas cherché à devenir ville libre et à former une sorte de République municipale.

Mais, en dehors des sympathies que les Lyonnais devaient ressentir pour la France et des circonstances qui les poussèrent à se donner à elle, il faut compter, en ceci encore, avec cette indifférence traditionnelle des Lyonnais pour les choses de pure politique.

Saint Louis, se rendant à la Croisade (1271) et

de passage à Lyon, avait eu l'occasion de servir de médiateur entre les deux parties restées dans un état permanent d'hostilité. Les rois de France, on le comprend bien, une fois mêlés aux affaires de la ville, n'auront garde de lâcher prise. Leur intervention deviendra de plus en plus marquée, et leur rôle de médiateur perdra bientôt son caractère tout platonique.

De nouveaux conflits éclatent entre l'église et la commune. Celle-ci en appelle au pape et au roi, garants du traité de 1271. Philippe-le-Bel prend immédiatement la ville sous sa protection et lui nomme un gardiateur, Pons de Montlaur.

En ce temps, comme à présent, les protectorats se traduisaient à bref délai par une prise de possession définitive. Le 10 avril 1312, l'archevêque renonce à ses droits de souveraineté, tout en conservant le droit de battre monnaie et de lever des troupes pour sa défense personnelle, et les habitants de Lyon se donnent librement à la France.

Ce retour de Lyon à la couronne, sanctionné par un traité passé avec Philippe V en 1320 et consacré solennellement en 1336, eut lieu dans des conditions qu'on ne rencontre guère dans nos annales nationales. Ce fut moins un acte de réunion qu'une sorte d'acte d'union ou de fédération conclu *inter pares*. Par devant deux notaires, comparaissent le représentant du roi, les conseillers de la ville et le procureur de l'archevêque, à l'effet d'enregistrer les lettres patentes et chartes relatives aux privilèges et immunités de la ville de Lyon.

Par devant notaires, comme nous reconnaissons bien nos lyonnais! Il est bon, savez-vous, de mettre ses affaires en règle, et, surtout lorsqu'on traite avec forte partie, on ne prend jamais trop de précautions. Au surplus, nos pères requéraient volontiers le concours des tabellions, et pendant longtemps, c'était aux minutes de l'un d'eux que le Consulat confiait les procès verbaux de ses délibérations.

Les bourgeois de Lyon étaient déclarés francs de toute taille ou impôt personnel; ils pouvaient, comme les nobles du royaume, construire à leur usage des colombiers, des fours, des moulins et des pressoirs : ils avaient le droit de se réunir en assemblée, d'élire des conseillers et d'entretenir une milice pour la garde des portes de la ville.

Et tout cela reconnu par acte notarié. Certes jamais les aspirations d'un Lyonnais n'ont été au delà, et celui qui étudie l'histoire de la cité ne trouve pas une seule revendication qui ait une portée plus étendue ! Mais cette association de la commune avec le pouvoir royal devait avoir le sort de celle que la chèvre avait contractée avec le lion.

**

La chapelle Saint-Jaqueme avait abrité les premières réunions de la Cinquantaine ; c'est là que les douze consuls continuèrent à siéger dans les circonstances solennelles, après la constitution définitive de la commune, se réunissant pour délibérer des affaires ordinaires, dans l'arrière-boutique d'un de leurs collègues.

Nul n'ignore que les élections se faisaient chaque année, au commencement de décembre, à Saint-Jaqueme, et que les noms des élus étaient proclamés dans l'église Saint-Nizier, le jour de la fête de saint Thomas. L'église était restée pour le peuple la maison commune, le lieu de réunion dans toute l'acception de l'étymologie qui signifie proprement « assemblée », et c'est la cloche de Saint-Nizier qui convoquait aux séances.

Non seulement cet usage, de s'assembler dans les temples, n'offusquait personne, mais le peuple allait jusqu'à s'y procurer des divertissements d'un caractère assez profane ; plus d'une fois les ornements sacrés servirent à revêtir Dieu le Père et ses anges, lorsqu'on jouait les mystères.

En repoussant de chez elle l'élément laïque et en demandant que la maison de Dieu fût uniquement une maison de prière, l'Église ne pensait pas sans doute qu'elle préparait de ses mains la séparation des deux sociétés, civile et spirituelle.

C'est, pourtant, ce qui devait arriver, et, si les choses sont allées plus loin qu'elle ne désirait, l'élan n'en est pas moins venu d'elle et non de l'Etat.

Ceci, toutefois, n'excuse point le singulier sens que l'on donne au mot de séparation. Nous vivons dans un temps où les mots ont changé de valeur, et si l'anarchie dans les termes dénote l'anarchie dans les idées, nous traversons un véritable chaos.

Ainsi, « libre-pensée » après avoir été longtemps une affirmation, devient une négation ; nos libres-penseurs, on ne le sait que trop, sont, pour la plupart, de parfaits intolérants. « Conservateurs » désignait, en politique, le parti constitutionnel, les défenseurs de l'ordre établi ; aujourd'hui les conservateurs sont des gens qui n'ont pas de rêve plus cher ni de visée plus avouée que de renverser le gouvernement. De même, séparation de l'Église et de l'Etat s'entend d'une mise de l'Eglise hors de la loi et du droit commun.

La municipalité lyonnaise n'eut donc pas d'hôtel de ville avant l'année 1458, époque où elle s'établit dans la maison du Lion, dont le tènement reconstruit se trouve à l'ouest de la rue Centrale, dit M. de Valous, et qui ne doit pas être confondue avec l'ancienne Grenette, encore debout.

Cette installation dura peu. En 1461, le Consulat occupa une maison sise à l'angle des deux rues Longue. Puis, en 1604, il alla se fixer à l'hôtel de la Couronne « dont les restes, dit l'historien des hôtels de ville de Lyon, subsistent au numéro 13 de la rue de la Poulaillerie, et sont dignes de fixer l'attention des curieux, non seulement à titre de témoignage matériel, le seul subsistant, d'une demeure municipale, mais comme spécimen de plus en plus rare de l'architecture privée de la fin du quinzième siècle. »

Cependant, la constitution municipale s'était profondément modifiée. Depuis 1447, les bourgeois, pour être éligibles, doivent justifier de douze années de résidence à Lyon et posséder un bien-fonds d'une valeur de 10.000 livres — quelque chose comme 200.000 francs aujourd'hui. Ne nous hâtons pas, toutefois, de condamner cette dernière prescription : car les consuls en exercice étaient responsables « de leurs deniers et de leurs personnes » pour tous les actes de leur administration. Voilà qui dérangerait toutes les idées de nos comités électoraux !

Au siècle suivant (1495), Henri IV réduisit à cinq le nombre des membres du corps consulaire : un prévôt et quatre échevins. De plus, Lyon dut subir une garnison royale.

Or, depuis quatre cents ans, les habitants avaient la garde absolue de leurs portes. Si des troupes en marche traversaient la ville, c'était le plus souvent par eau et avec les formes observées en territoire neutre. Sur les deux rives de la Saône, la milice des pennonnages en armes s'échelonnait sur les berges ou sur les ports de débarquement.

Des armées royales ou mercenaires n'avaient jamais occupé Lyon qu'en temps de péril et avec l'agrément du Consulat, qui avait su se débarrasser de la citadelle construite par Charles IX. Sans respect pour nos privilèges, Henri IV met un corps de six cents suisses à Pierre-Scize.

D'autre part, les Lyonnais n'ont pas moins de peine à se défendre du fisc royal. Dès 1445, un édit de Charles VII ayant donné à la taille un caractère d'impôt permanent, les habitants de Lyon, possesseurs de biens ruraux, ont à lutter contre ceux de la campagne qui veulent les obliger à payer leur part de la taille. La lutte, poursuivie de siècle en siècle, d'appel en appel, se perpétue jusqu'en 1781, où un dernier arrêté donne gain de cause aux bourgeois de Lyon.

Mais si la royauté maintient, en ce point, les franchises inscrites dans l'acte de 1320, c'est parce qu'il n'en coûte rien au trésor. Le chiffre de la taille étant fixé par paroisse, pour être ensuite réparti par habitant, le fisc n'en perçoit pas moins la somme intégrale ; ce sont les autres contribuables de la commune qui supportent la gracieuseté faite aux chatelains lyonnais.

Ceux-ci, d'ailleurs, n'y perdent rien. S'ils ne payent ni impôt personnel, ni impôt foncier, ils succombent sous le poids des contributions indirectes. A chaque instant, sous le titre fallacieux de « dons gratuits » le Consulat paye des sommes énormes à la couronne. La somme, longuement discutée avec la cour, est d'ordinaire payée au comptant, au moyen d'un emprunt. La ville se récupère ensuite en mettant des droits sur les denrées. On voit que les droits d'entrée sont un mode d'impôt essentiellement lyonnais et que pendant des siècles, nos pères ont demandé le meilleur de leur budget à l'octroi.

Malgré le poids de ces charges financières, le Consulat, dès l'époque de son installation dans l'hôtel de la rue de la Poulaillerie, se préoccupa de doter la ville d'un monument digne de sa richesse et de son renom, à l'exemple de ce qui s'était fait dans la plupart des grandes cités marchandes d'Europe. Salut donc au Capitole lyonnais !

La place des Terreaux sur laquelle s'éleva notre hôtel de ville, était un terrain vague, dépendant de l'abbaye Saint-Pierre et traversé par une tranchée : canal de jonction entre le Rhône et la Saône, prétendent les uns ; fossé de défense, assurent les autres ; peut-être l'un et l'autre à la fois, me permettrai-je d'ajouter.

En 1562, les réformes avaient élevé un temple aux Terreaux. Ils étaient alors maîtres de la ville, et le baron des Adrets, leur grand inquisiteur, faisait publier cette déclaration que « chacun était libre en sa religion, mais qu'on ne dirait plus la messe. » Tant il est vrai que les prétentions au libéralisme sont de tous les despotes, et que tout parti, arrivé au pouvoir, s'empresse de faire ce qu'il a le plus reproché à ceux qu'il vient de renverser !

Jusqu'aux premières années de notre siècle, la place des Terreaux servit de théâtre aux exécutions capitales. C'est là que tombèrent, en 1642, les têtes de Cinq-Mars et de Thou. Une vieille chronique lyonnaise veut que les fonctions d'exécuteur des hautes-œuvres aient eu pour titulaire, au siècle dernier, une femme déguisée en homme.

La première pierre de l'hôtel de ville fut posée le 5 septembre 1646, par Camille de Neuville, lieutenant du roi, et depuis, archevêque de Lyon. Camille remplit de fait les fonctions de gouverneur, en l'absence de son frère Nicolas, duc de Villeroy, gouverneur de Louis XIV pendant sa minorité, et qui mourut à Paris en 1685.

Simon Maupin, architecte et voyer de la ville, donna tous les dessins de ce grand ouvrage ; il eut pour collaborateur le géomètre Gérard Désargues, auteur d'un *Traité sur la coupe des pierres*. Il faut croire qu'en ce temps les hommes qui avaient l'honneur de conduire des travaux publics ne s'allouaient point les gras émoluments que palpent aujourd'hui les auteurs du moindre groupe scolaire ; car Simon Maupin mourut besoigneux, après avoir dirigé une construction dont la dépense atteignit quinze cent mille livres, ce qui représente dix millions aujourd'hui. Nous trouvons ses appointements ordinaires comme architecte de la ville, fixés à 900 livres, d'une part, plus 120 livres, de l'autre.

Le monument fut achevé en neuf années, et le jour de Saint-Thomas, en 1655, les élections consulaires y furent proclamées pour la première fois. Trois ans après, de brillantes fêtes y étaient données au jeune souverain, au cours d'un séjour de deux mois que la cour fit à Lyon.

Il y avait alors promesse de mariage entre le roi et une princesse de Savoie. Si, pourtant, ce mariage s'était fait, le petit-fils de Louis XIV n'eût pas été appelé à perdre sa qualité de prince français, et Philippe d'Orléans, comme prétendant, devrait aujourd'hui s'effacer devant Charles de Bourbon. — Si, si le nez de Cléopâtre eût été un peu moins long, me direz-vous, en me renvoyant à Pascal.

Revenons donc à Maupin. Poursuivi par la malechance, il eut, dit-on, la fin de sa vie empoisonnée par les critiques qui lui valut l'étroitesse du portail principal de son œuvre. En 1674, un incendie détruit la façade, et Mansart, au lieu de restaurer le monument sur les plans primitifs et de relever les pavillons avec leurs toitures à pans coupés, flanqua les deux angles de ces dômes que nous voyons. Enfin, de nos jours, il s'est trouvé des gens pour prétendre que Simon Maupin n'est pas le véritable auteur des plans de l'hôtel de Lyon. Ce qui tendrait à donner quelque raison à ceux qui professent qu'on a tort de travailler uniquement pour la gloire.

Cependant, le Consulat avait dû attendre près de trente années avant d'entreprendre la restauration du monument incendié. Les finances municipales, prospères à l'avènement de Louis XIV, étaient tombées au plus bas, et l'histoire de la ville, pendant tout le dix-huitième siècle, est l'histoire de ses embarras financiers.

Aux demandes de subsides et de dons gratuits qui se suivaient — et se ressemblaient, hélas ! — vint encore s'ajouter pour le Consulat la nécessité de racheter une foule d'offices que créaient de trop ingénieux ministres.

Les corps de métiers ne furent pas davantage épargnés. Eux aussi durent racheter, pour garder leur indépendance, des offices héréditaires de maîtres-gardes, jurés et syndics, créés par Pontchartrain en 1692. A chaque avènement de souverain, à chaque révision de statuts, il fallait financer à nouveau, et l'on vit les tireurs d'or verser une fois 75.000 livres et les affineurs 540.000. Multipliez seulement par cinq, et jugez !

Le grand règne marque, en somme, une époque misérable pour Lyon. Il suffit, d'ailleurs, de jeter un coup d'œil sur les habitations particulières construites pendant cette période. A ces maisons que nous ont laissées en si grand nombre la Renaissance et le règne de Louis XIII, dont la plupart révèlent l'aisance et sont d'un si noble style, succèdent de pauvres et plates constructions.

Ainsi, en pleine place de Bellecour, au débouché de la rue qui perpétuait naguère encore le nom de Louis-le-Grand, s'alignent quelques hôtels de ce temps. Rien qu'à voir leurs tristes façades, chichement percées de trois fenêtres chacune, on devine tout ce qu'ont coûté de privations à nos pères les fastes du grand siècle. Comme les légendes le racontent de certains castels mystérieux, dans les fondations de Versailles il y a du sang.

La construction de l'hôtel de ville fut le dernier acte remarquable de ce Sénat oligarchique, qui présida six cents ans aux destinées de la cité. Les temps approchaient où le pouvoir royal allait achever d'absorber l'autorité communale, en s'attribuant la nomination du prévot des marchands (1764). Puis ce fut la Révolution qui, sous son rateau formidable, emporta les derniers lambeaux de l'autonomie lyonnaise.

***

En acceptant de me suivre dans cette promenade autour de l'hôtel de ville, vous avez compris que mon intention n'était point de vous y faire entrer, d'en parcourir les salles et les galeries, et de chercher à en pénétrer les arcanes administratives. Au surplus, les occasions n'ont manqué à nul de nous, simples citoyens, de faire ample connaissance avec l'intérieur de l'édifice, de haut en bas. Pour ma part, je l'ai « envahi », et c'est sur ce souvenir, vieux de quinze ans, que je vous demande à clore notre entretien.

Or donc, je faisais partie d'un bataillon de la garde nationale dont le numéro, je pense, vous importe peu. Qu'il vous suffise de savoir qu'il était noté comme des mieux pensants. Un matin, avant jour — c'était en mars 1871 - le tambour nous appelle aux armes, et nous voilà partis sous la conduite de nos chefs légitimes. Où ? c'est ce qu'un modeste garde comme votre serviteur n'avait pas le droit de demander.

Ce n'est pas que mon capitaine fût un personnage imposant, ni que ses capacités militaires m'inspirassent une confiance aveugle. Lorsque, au moment des élections, sa candidature avait été discutée, l'enquête avait révélé à mes frères d'armes et à moi les états de service suivants : « Sept ans de service, ex-grenadier au 81° de ligne ». Voilà pour le stratégiste. Un jour, en promenade militaire, on nous avait conduits au chemin Saint-Boniface pour nous montrer le mur crénelé derrière lequel nous devions nous faire ensevelir ; mais notre capitaine, après la halte et le déjeûner obligés, s'était trouvé tellement empêché qu'il fallut lui retirer son sabre et le soutenir sous les deux bras, pour le réintégrer dans ses foyers. Voilà pour le personnage.

Cependant, cheminant, musique en tête, nous arrivons place des Terreaux et, en compagnie des deux autres bataillons, on nous fait occuper l'hôtel de ville. Le préfet était prisonnier et la municipalité expulsée.

Mais les mesures étaient mal prises. J'entends les mesures qui concernent le service des vivres, car je ne saurais me prononcer sur les mesures stratégiques, vu ma parfaite incompétence. Nos chefs nous avaient consignés dans la grande cour et allaient à tour de rôle déjeûner au café Grand ou ailleurs. Aussi était-ce à qui des subordonnés, s'esquiverait pour aller en faire autant.

Comme je fus des premiers à prendre ce parti héroïque, je ne puis vous dire au juste comment se termina l'aventure. Mais la débandade s'étant mise dans les rangs — et peut-être aussi l'avis étant parvenu que les bataillons du centre de la ville prenaient les armes — ce qui restait des envahisseurs à jeûn jugea sans doute prudent, n'ayant pas déjeûné, d'aller au moins dîner.

Qui peut dire le cours qu'auraient pu prendre les choses, s'il était intervenu à point une distribution de vin et de charcuterie, cet élément indispensable d'une révolution ? Car vous n'ignorez pas l'action subversive du saucisson dans toute manifestation anti-sociale ou anti-religieuse.

Pour moi, mon affaire était claire : si je me rebiffais, j'étais fusillé par mes compagnons comme traître ; si je jouais au sérieux mon rôle d'insurgé, j'étais pris dans le tas par les compagnies qui venaient reconquérir l'hôtel de ville — et non moins passé par les armes comme rebelle.

Jamais je n'ai mieux senti que ce jour-là, une fois dehors, tout le charme d'une promenade autour de l'hôtel de ville.

DE LA PLATIÈRE AUX CHARTREUX

Vous connaissez ces appareils d'optique au moyen desquels l'on vous donne l'illusion, dans certains spectacles, soit d'une ville vue en plein midi, puis subitement plongée dans les ténèbres que ponctuent quelques lumières ; soit d'une campagne sans végétation, endormie sous la neige, se couvrant soudain de verdure et riant au soleil.

Je voudrais pouvoir, par un artifice semblable, vous montrer, telle qu'elle était en l'an dix avant Jésus-Christ, la partie de la ville qui, du bas du côteau de la Croix-Rousse, va s'étageant en masses bizarres, découpées verticalement par la Grande-Côte et les deux montées des Carmélites et de Saint-Sébastien.

Le confluent des deux fleuves se faisait un peu au-dessous de l'endroit où s'élève Saint-Nizier.

Sur la rive gauche de la Saône, s'échelonnaient les maisons d'une ville marinière, dont l'existence était bien antérieure à celle du Lugdunum fondé par Plancus.

La station de Condate s'était formée comme il s'en forme encore dans les pays neufs. Quelques pêcheurs et quelques mariniers dressent leurs cabanes au bord de l'eau. Des trafiquants lointains prennent l'habitude d'accoster à époque périodique, ouvrent un entrepôt et laissent un personnel à demeure. C'est bientôt un marché où l'on se rend de toute la région, pour échanger les produits de la contrée contre ceux des étrangers.

Dans ses *Commentaires*, César ne dit mot de la ville gauloise sise au confluent. Malgré toutes les suppositions ingénieuses qu'on ait faites à cet égard, il faut conclure, du silence de César, que Condate était une bourgade de médiocre importance et qu'il dut son rapide développement au voisinage des établissements romains.

Chaque fois que deux villes se juxtaposent, l'une guerrière, l'autre marchande, celle-ci finit par absorber celle-là ; le travail et la vie sont des éléments éternels, qui ont toujours raison des causes factices. Il en fut à Lyon suivant cette loi immuable, et le bourg marchand devint la cité.

Mais alors, il gardait encore son autonomie. Tout le delta avait été érigé en un territoire indépendant et sacré, où les soixante nations de la Gaule celtique tenaient leurs assises fédérales. C'était le Washington des états gaulois.

Des bois couvraient la colline, et de longues avenues, bordées de monuments, convergeaient vers l'autel d'Auguste. Longtemps on a placé ce sanctuaire vers Ainay, mais de récents travaux ont établi qu'il devait s'élever plus au nord. C'était, selon toutes probabilités, à l'endroit où St-Polycarpe a été bâti.

Il existe, derrière le chevet de cette église, des substructions évidemment destinées à soutenir un édifice important. De plus, les Tables de Claude — le plus ancien monument de notre histoire nationale, comme les qualifie justement Michelet — ont été retrouvées dans un tènement aujourd'hui traversé par la rue du Commerce. Enfin, le nom du saint qu'a longtemps porté la colline Saint-Sébastien, avait certainement été choisi pour substituer une dulie chrétienne au culte d'Auguste. *Sébastos* est la traduction grecque d'*Augustus* et demeura le titre des empereurs d'Orient jusqu'à la chute de Byzance.

Quelle place, d'ailleurs, eût été mieux choisie ! Sur ce point culminant et central du coteau, l'autel s'élève, accompagné de ses hautes colonnes que surmontent des victoires ailées. Des hauteurs de Lugdunum, les citadins peuvent contempler ce magnifique témoignage de la puissance de Rome invincible, et les nautes des deux fleuves, du fond de leurs barques richement chargées, saluent les statues symboliques des soixante nations de la Gaule, couronnant le portique de l'hémicycle et émergeant du bois sacré.

Car il est à supposer que, tout autour, se développe l'hémicycle où siègent les députés des Gaules, à l'occasion des fêtes du mois d'août. C'est d'ailleurs, le premier août, de l'an 744 de la fondation de Rome, que le monument a été dédié à Rome et à Auguste, par l'illustre Drusus, fils adoptif de l'empereur.

A mi-côte comme le temple d'Auguste, sur l'emplacement de l'ancien Jardin des Plantes, l'amphithéâtre profile sa masse énorme. C'est là que se donnent ces spectacles chers aux Romains et dont ils ont propagé le goût dans le monde entier, spectacles dont le christianisme n'aura raison qu'en abattant les arènes où se tiennent les jeux.

De tant de splendeurs il n'est pas resté pierre sur pierre! L'autel et ses dépendances ont été renversés sous Constantin ; si quelque chose en avait survécu, l'édit de Childebert qui prescrivait la destruction des derniers vestiges de l'idolâtrie en consomma la ruine ; les matériaux, comme ceux des autres temples, comme ceux du forum et des arènes, servirent à la construction des églises, des monuments et souvent aussi des habitations particulières.

Peut-être l'amphithéâtre fédéral subsistait-il encore, dans quelques-unes de ses parties, au huitième siècle. Ce serait alors Charles Martel qui l'aurait détruit, de peur qu'on ne le transformât en forteresse, comme à Nîmes ou à Arles.

* *
*

Aux conceptions grandioses des Romains, à la poésie des âges antiques, se substituèrent les visées besoigneuses d'une nouvelle société, ignorante et pauvre. Les maisons couvrirent le delta, et l'afflux toujours croissant d'une population resserrée dans d'étroites limites donna naissance à ces milliers d'habitations, à peine séparées par d'étroites ruelles.

Il en reste encore, de ces tronçons de rues, représentant ce que nos pères appelaient « des places » : place de la Platière, place du Plâtre. Au nord de la première, s'élevait l'église du même nom, dont le cimetière était borné par la rue Lanterne. A côté de notre église Saint-Pierre, il en existait une autre, sous le vocable de Saint-Saturnin, avec cimetière longeant la place du Plâtre. On se demande où tout cela trouvait à se tasser.

Jusqu'à la Révolution, l'église Saint-Pierre ne

fut que la chapelle de l'abbaye de ce nom. Le portail, dont on a longtemps fait un monument carlovingien, date du douzième siècle seulement. Quant aux bâtiments de l'abbaye, affectés maintenant à nos musées municipaux, ils furent commencés en 1667, sous la direction d'un Avignonnais, la Valfenière. Mais la fondation du couvent remonte à une haute antiquité. Sans aller jusqu'aux origines légendaires, il est à peu près reconnu qu'un premier monastère existait sous les rois burgondes, au sixième siècle.

La supérieure prenait le titre « d'abbesse par la grâce de Dieu »; son chapelain portait une crosse devant elle, et elle recevait, en qualité de suzeraine, l'hommage de seigneurs comme ceux de la Tour-du-Pin. Les religieuses devaient faire preuve de noblesse. Elles n'étaient point astreintes à une clôture rigoureuse, et, même dans le monastère, elles se donnaient des passe-temps qui ne laissent pas que de nous étonner, tout chrétiens déchus que nous sommes. Les dames de Saint-Pierre recevaient comme des dames du monde et « donnaient des galas » d'où les gentilshommes n'étaient pas exclus — au contraire.

Il est de tradition qu'en mémoire du concile tenu à Lyon en 1270 et dans lequel avait été prononcée la réunion des églises grecque et latine, le curé de Saint-Saturnin avait fondé deux processions à l'Ile-Barbe, qui seraient l'origine des

LA PÊCHERIE.

fêtes baladoires que nous avons connues. Jusqu'en 1730, un bal avait lieu sur la place du Plâtre, au retour de la procession, et c'était le curé de Saint-Saturnin et l'abbesse de Saint-Pierre qui ouvraient la danse par une bourrée.

Il n'y a dans les choses que le mal qu'on y met, et, pour ma part, je ne suis nullement choqué de ces mœurs d'un autre âge. Qu'est-ce donc, après tout, qu'une bourrée qu'on danse en se tapant dans les mains et en se balançant les poings sur les hanches, auprès de la valse que nous permettons à nos femmes et à nos filles, et que nous nous permettons avec les femmes et les filles des autres ?

En traversant la place Saint-Pierre, je tiens à vous signaler un curieux vestige d'anciens usages. Si vous passez là un samedi, vous verrez une marchande — il n'en reste plus qu'une — vendant du fil et de la cire. C'est tout ce qui subsiste de l'ancien marché au chanvre, dont cette place porte le nom sur les plans du seizième siècle.

Il s'en fallut de peu que l'abbaye Saint-Pierre ne fût, comme tant d'autres édifices, vendue et livrée aux spéculations privées. Le défaut d'acheteurs sauva le monument, et, grâce aux efforts de Cochard, la ci-devant abbaye fut cédée en toute propriété à la ville, par décret du

10 avril 1806, pour être affectée à des établissements d'utilité publique.

Déjà le réfectoire avait été ouvert (1795) aux opérations de bourse, qui, depuis la Révolution, se tenaient sur la place des Terreaux. L'installation d'une école des Beaux-Arts, des Musées,

de la Faculté des Lettres et de la Chambre de Commerce dans les diverses parties du monument justifia amplement le nom officiel qu'il a porté pendant cinquante ans : « Palais du Commerce et des Arts. » Cette appellation bizarre n'a jamais eu cours chez le populaire qui trouve plus simple de dire : « Palais Saint-Pierre. »

Depuis la construction de la Bourse et l'aménagement d'une aile nouvelle pour les facultés, on a pu croire que les beaux-arts restaient maître de la maison ; ce n'est qu'à moitié vrai, puisque le muséum occupe encore une notable partie des bâtiments. En l'état, beaucoup d'œuvres d'art, faute de place dans les galeries publiques, s'accumulent dans les greniers, et lorsque vient le moment d'organiser l'exposition annuelle, la seconde ville de France n'a pas la moindre salle à offrir pour cet usage spécial.

Il est de plus en plus question d'envoyer le muséum au Parc de la Tête-d'Or, sa vraie place. Cette mesure donnerait assurément quelque aisance aux collections artistiques, mais il n'en faudra pas moins que le public continue à monter à la hauteur d'un quatrième étage pour voir des tableaux suffisamment éclairés. Quant à l'Ecole des Beaux-Arts, logée dans une longue galerie qui n'est autre que l'ancien promenoir des religieuses, elle lotit comme elle peut ses élèves en face des trop rares fenêtres de la façade nord.

Aussi se trouve-t-il des gens qui estiment qu'avec les sommes énormes dépensées dans le palais et tout l'argent qu'il reste à enfouir dans les réparations et compléments futurs, il eût mieux valu franchement le raser et en rebâtir un nouveau. C'est bien un peu radical, et je suis certain que si l'on mettait à ces farouches réformateurs la pioche à la main, ils se prendraient à hésiter avant de détruire ces portiques majestueux où nos richesses épigraphiques trouvent une hospitalité digne d'elle, où l'artiste et le savant peuvent également promener leurs rêveries, au murmure du filet d'eau qui s'égrène dans son bassin antique.

*
* *

C'est dans le voisinage du palais Saint-Pierre qu'est né le major Martin dont tout Lyonnais connaît l'étrange histoire ; c'est aussi sur la place de ce nom que devait, aux termes de son testament, être fondée l'école pour laquelle il léguait 200,000 sika rupees à sa ville natale. L'endroit désigné se trouvant insuffisant, on installa l'école dans l'ancien couvent des Augustins, seul édifice des temps passés, demeuré debout, avec l'abbaye Saint-Pierre, dans cette partie de la ville.

En effet, non seulement le Condate gaulois et le bourg de Lyon des burgondes et des carlovingiens n'ont pas laissé la moindre trace, mais, à part quelques noms de rues, il ne reste rien, sur ce littoral, des nombreux établissements du moyen âge : la Pêcherie, la Boucherie des Terreaux, le Bureau de l'Aumône générale, l'Hôpital Sainte-Catherine, le couvent des Carmes, l'abbaye de la Déserte, le prieuré Saint-Benoît, etc., tout a complétement disparu.

Seul le monastère des Augustins subsiste encore : l'église a été affectée au service des deux anciennes paroisses de Notre-Dame de la Platière et de Saint-Vincent, et les bâtiments du couvent — nous l'avons dit — sont occupés par l'Ecole la Martinière.

Cette école est une création qui doit nous être chère, parce qu'elle atteste combien l'enfant de Lyon garde au cœur le souvenir du sol natal et aussi parce qu'elle a un caractère qui lui est propre, qui en fait une institution ayant une physionomie à part entre les écoles, comme notre cité a une physionomie à part entre les grandes municipalités françaises.

La Martinière a été le premier établissement — en France au moins — où l'enseignement des sciences et arts industriels a été appliqué. Depuis que ce mode s'est propagé, sous le nom d'enseignement professionnel nulle école n'a réussi à s'adapter les méthodes de la Martinière et n'a surtout obtenu les mêmes résultats. Il n'est pas un pédagogue — même d'Allemagne et d'Angleterre, pays où florissent pourtant de nombreuses écoles professionnelles — qui ne sorte émerveillé d'une visite à notre institution lyonnaise.

**

Ce coin de la ville a vu encore deux faits importants pour l'histoire locale : l'établissement de la première imprimerie à Lyon et l'érection du premier théâtre.

En 1472, trente-quatre ans après la découverte de Gutenberg, un citoyen lyonnais, Barthélemy Buyer, conseiller de ville, ouvrit sur le quai de Saône, près des Augustins un atelier typographique. Il s'était associé un ouvrier imprimeur, Guillaume Leroy, qui avait sans doute appris son art en Allemagne, mais sur la nationalité duquel on ne sait rien de certain.

C'est probablement de ces presses que sortit le premier ouvrage imprimé en langue française. Il existe, en effet, une traduction de la *Légende dorée,* due à maître Jean Batallier, et portant la date du 18 avril 1476. Or, les *Chroniques de Saint-Denis*, imprimées à Paris, auxquelles on accorde ordinairement la priorité sont de 1477. Elles sont bien datées de janvier 1476, mais les années sont comptées de Pâques, au vieux style, et, en réalité, le livre lyonnais se trouve ainsi l'aîné de neuf mois.

Peu après, Buyer éditait une Bible traduite en langue vulgaire par un religieux augustin, Julien Macho. Cette traduction devançait donc d'un demi siècle celle de Luther, autre moine augustin. C'est, d'ailleurs, sur une bible latine d'origine lyonnaise, édition de 1521, que le promoteur de la Réforme fit sa traduction en langue allemande. Le livre sortait des presses de Jacobus Zachoni qui exerça à Lyon de 1498 à 1522 et qui imprimait des bibles pour Antoine Koburger de Nurenberg.

Quant au théâtre, il eut pour fondateur Jean Neyron. Pendant son séjour à Lyon (1495), Anne de Bretagne s'était plusieurs fois fait jouer les mystères par les troupes nomades du temps. Ces spectacles ayant développé le goût du populaire pour le théâtre, les Augustins entreprirent de représenter des pièces tirées de l'Ancien ou du Nouveau Testament. A cet effet ils dressaient des « échafauds », soit dans la cour du couvent, soit sur l'emplacement vague des Terreaux (1506).

Jean Neyron, dans sa jeunesse, avait pris part à ces représentations. Arrivé à la fortune, il conçut l'idée de bâtir un véritable théâtre et, pour ce, acheta un terrain sis entre le monastère des Augustins et celui de la Déserte, disent les chroniques du temps. (1540).

Voulant à la lettre commencer par le commencement, notre concitoyen fit représenter d'abord la création du monde. Les démons, précipités dans l'abîme, hurlaient au milieu des flammes, tandis que les anges chantaient les strophes du poète Choquet. On pense que c'est de l'usage de placer les anges dans la partie supérieure du théâtre, qu'est venue l'appellation de « paradis » donnée aux places d'en haut.

⁎

L'ancien Jardin des Plantes, appelé, à l'origine, « Jardin de l'impératrice Joséphine, » a été tracé en grande partie dans l'enclos des Dames Bénédictines de la Déserte.

Tout ce bas du coteau était, d'ailleurs, occupé par des constructions conventuelles : c'était les Carmes, sur la place de la Miséricorde ; plus haut, sur la droite, les Capucins du Petit-Forest, les Ursulines de la Monnaie, les Oratoriens dont l'église est restée sous le vocable de Saint-Polycarpe.

Sur l'emplacement que recouvre le vaste immeuble appartenant aux hospices, dit maison du Parc, s'élevait l'hôpital Sainte-Catherine : on y recevait les orphelines pauvres. Lors de l'établissement de la fabrique de Turquet et Narriz, le dévidage des soies se faisait à Sainte-Catherine. Plus tard, les orphelines furent transférées à la Charité, et l'Aumône générale établit son bureau central de bienfaisance dans un bâtiment qu'on voyait encore, il y a quelque trente ans, et qui était occupé par l'hôtel du Parc.

Il existe, sur ce coteau, une belle source qui alimentait autrefois la plupart de ces établissements et qu'on a laissé perdre en partie. C'est autour de cette eau qu'avaient dû se grouper les habitations des premiers occupants, comme la source des Chazaux, sur la rive opposée, détermina la formation d'une seconde bourgade marinière. Personne n'ignore que les émigrants, aux âges primitifs, se fixaient toujours à proximité des sources, et que les centres habités se sont d'autant plus multipliés dans une région que les eaux sont plus abondantes.

Au-dessus du Jardin des Plantes se dresse l'église moderne du Bon-Pasteur, œuvre d'un Lyonnais, quatrième d'une génération d'hommes d'esprit, maniant à la fois le compas et la plume, et signant ses œuvres, lorsqu'elles sont érigées en pierre : Clair Tisseur, et lorsqu'elles s'alignent en caractères typographiques : Nizier du Puitspelu.

Il suffit d'entrer dans cette église pour voir que l'auteur du plan est bien un Lyonnais de Lyon. En effet, fussiez-vous le moins pratiquant du monde, vous n'êtes pas sans avoir remarqué qu'ici les hommes se placent dans le chœur — usage aussi peu chrétien que possible, qui tend à faire du sexe masculin une espèce de race élue, seule admise dans le sanctuaire, pendant que les femmes, peuple inférieur, se morfondent au bas du temple. C'est l'éternelle reproduction de la parabole du pharisien et du publicain.

Cet usage est d'autant plus absurde qu'il ne laisse au clergé officiant qu'un espace souvent insuffisant et que le symbole du sanctuaire clos par une grille perd toute sa signification.

Il serait bien simple de laisser, comme on le fait ailleurs, les sexes se mêler dans la nef. L'évangile ne dit pas que Jésus, lorsqu'il enseignait, séparait les maris de leurs femmes ni les mères de leurs fils. Mais les curés lyonnais — et peut-être les fidèles — ayant quelque répugnance pour une pratique aussi naturelle, l'architecte du Bon-Pasteur a fait un double chœur : l'un réservé au clergé, l'autre à l'usage des hommes. Il n'y avait qu'un Lyonnais pour trouver cette combinaison.

Si les monastères abondaient au bas de la colline, ils n'étaient pas rares dans la partie supérieure. A côté de l'église du Bon-Pasteur, nous voyons d'ici l'ancien couvent du même nom. Puis, à la sortie du Jardin des Plantes, c'est l'Annonciade, dont les bâtiments sont aujourd'hui occupés par les sœurs de Saint-Charles. Plus haut était le monastère des Carmélites : l'église contenait les mausolées de la dynastie des Villeroy, gouverneurs du Lyonnais, de père en fils, depuis 1612 jusqu'en 1790.

Le Lyonnais était pour les Villeroy comme un fief, ou plutôt comme une sorte de ferme de gros rapport, sur laquelle la famille entière trouvait à se défrayer. « On assignait, dit Champagneux, des pensions viagères aux nourrices, aux médecins, aux chirurgiens et aux apothicaires. » Quant aux gouverneurs eux-mêmes, ils résidaient à Versailles et « n'étaient connus de la ville que par les quittances qu'ils délivraient aux trésoriers. » L'ensemble de ces quittances se chiffre par plus de quatre millions de livres !

* * *

De l'ancien Jardin des Plantes, nous dominons la gare et la voie de l'appareil funiculaire — style d'ingénieurs — qui transporte voyageurs et marchandises, du bas de la ville à la Croix-Rousse. Le commun des mortels désigne ce moyen de locomotion sous le nom de « la ficelle. » C'est laid, c'est bête, et vous êtes la moitié du temps sous terre ; mais c'est plus prompt et moins fatigant que de monter à pied.

Aux amoureux et aux gens de goût — vous faites assurément partie de l'un ou de l'autre groupe, monsieur ou madame — je conseillerai plutôt de se diriger par le cours des Chartreux. Tout en cheminant et devisant, vous verrez se dérouler un délicieux panorama.

Pour peu que vous tourniez la tête en arrière, voici d'abord une partie de la ville se présentant sous un aspect moins perpendiculaire que vue de Fourvière ; puis, c'est le coteau de Montauban et le quai de Pierre-Scize, agencés comme un décor « pour le plaisir des yeux » ; enfin, quand vous serez au sommet, Ecully, Saint-Didier, Saint-Cyr et les cîmes du Mont-d'Or.

Si vous le permettez, chemin faisant, je vous

demanderai ce que vous pensez du refroidissement de la terre. — Je m'explique. Sur la droite du cours, il existe des jardins, ancienne dépendance de la Chartreuse du Lys-Saint-Esprit, fondée par Henri III. Les religieux avaient à cet endroit une vigne dont les documents laissés par l'institution, disent le plus grand bien.

Eh bien, le vin qu'on en tire maintenant est moins que médiocre ! C'est à la fois plat et raide ; voire même qu'on a, je crois, renoncé à en faire de la simple piquette. C'est-à-dire qu'il se produit pour ce crû la même défaveur que pour tant d'autres, jadis célèbres : Sainte-Foy, Brindas et Saint-Cyr, et si nous allons plus au nord, les vignobles royaux de Suresnes et d'Argenteuil, et les prétendus vins de Picardie.

C'est la terre qui se refroidit, assurent les uns. Notre globe n'est-il pas destiné à finir, en tant que planète habitable et habitée, lorsque se tariront les sources de la chaleur et de la fécondité ? Non, ripostent les autres, ce n'est qu'un déplacement du *gulf stream*, dont l'effet s'accuse plus au sud que jadis. Erreur, affirme une autre école, le goût s'est affiné et les fils ne se régalent plus à aussi bon compte que leurs ancêtres.

Ce pourrait bien être ces derniers qui ont le plus raison. Toutefois, il demeure avéré que la maturation de la vigne rétrograde vers le midi, et c'est pourquoi je vous demandais ce que vous pensiez de la théorie du refroidissement : est-il universel ou local ?

* *

Il ne reste plus grand'chose de l'ancien couvent des Chartreux. A peine retrouverait-on, de ci, de là, quelques pans des cellules encastrées dans les maisonnettes à jardins qui avoisinent l'église. Celle-ci, commencée sur les plans de Ferdinand de la Monce, eut la bonne fortune d'être continuée et achevée par Soufflot.

A côté, cette grande construction carrée, à toiture inclinée, était comme l'hôtellerie de l'ordre. A l'époque de la convocation du chapitre annuel, les prieurs des Chartreuses du monde entier se donnaient rendez-vous à Lyon et, de là, s'acheminaient en caravane vers la maison-mère de la Grande-Chartreuse, bien connue des Lyonnais.

De nos jours, le bâtiment est habité par une congrégation diocésaine, dont les prêtres — à tort ou à raison — sont notés comme sentant un peu le fagot. Je ne dirai pas qu'ils ont l'esprit gallican, l'épithète étant malsonnante ; mais ces messieurs ont gardé le vieil esprit français, n'estimant pas qu'il soit nécessaire d'être plus catholique que saint Louis et Bossuet. Il est des gens pour prétendre que ce n'est point assez.

Entre les Chartreux et le point où aboutit la Grand-Côte, s'étend le quartier autrefois nommé :

le Mont-Sauvage. Un original y avait bâti la Tour Pitrat, maintenant rasée; un autre original y avait installé un restaurant, dont le bâtiment est maintenant occupé par des religieuses enseignantes.

C'est, on le présume, à cet endroit de la colline, que Charles IX avait fait élever une citadelle, dont l'histoire, la plus drôle du monde, était bien faite pour tenter la plume de l'auteur des *Trois Mousquetaires*. Prétextant des troubles causés par les protestants et de l'occupation de la ville par le baron des Adrets, Charles IX avait construit une bastille sur le côteau Saint-Sébastien, en 1564. Les Lyonnais protestèrent contre cette violation de leurs droits, et réclamèrent en vain, à plusieurs reprises, la démolition de la citadelle. Voyant l'inutilité de leurs protestations, ils résolurent de s'en emparer, avec la complicité du gouverneur Mandelot.

Le 2 mai 1585, Mandelot fit appeler dans son hôtel le commandant Aymard de Poisieux, pour lui communiquer certaines dépêches de la cour. Aussitôt, trois compagnies des milices bourgeoises se glissèrent à l'intérieur de la citadelle, par une porte que livra un sergent-major — sans doute gagné à prix d'argent — et s'en rendirent maîtres sans coup férir.

Le roi, fort embarrassé avec la Ligue, était dans l'impossibilité de se venger de l'affront qui lui était fait. Il eut l'habileté de dire au Consulat qu'il ne voulait pas d'autre forteresse que le cœur des Lyonnais et d'accepter 40.000 livres qu'on lui offrait. C'était capituler avec les honneurs de la guerre.

La citadelle fut rapidement démolie, et si complètement que les historiens lyonnais n'ont jamais pu se mettre d'accord pour en préciser l'emplacement. Toutefois, une rue voisine, à la Croix-Rousse, en avait conservé le nom jusqu'à ces derniers temps.

Le plus joli de l'histoire, c'est qu'elle est parfaitement authentique.

CROIX-ROUSSE ET CROIX-ROUSSIENS

Pendant des siècles, la « Côte », comme on disait, a été le grand chemin de Lyon à la Croix-Rousse ; il se trouvait des poètes pour en célébrer les charmes, à preuve la chanson :

> Mais quand on s'aime,
> C'est bien canant,
> On mont' la Côte
> En s'entibardanant.

Peu de gens — même parmi les amoureux — ont aujourd'hui le courage de la gravir, et, encore à ceux-là, la Grand-Côte, avec ses trottoirs, son double ruisseau et ses égoûts, ne donne plus l'idée de l'ancienne chaussée concave et inégale, qui, les jours d'orage, roulait un véritable torrent et dont les pavés venaient avec fracas défoncer les devantures de la rue Saint-Marcel.

Je ne cite que pour mémoire les fenêtres aux châssis garnis de papier huilé, que j'avoue franchement ne point avoir connues, mais dont parlaient encore les hommes de la génération antérieure.

En haut, les « Pierres-plantées » ont disparu : c'était une rangée de bornes, assez rapprochées pour que les voitures ne pussent passer. Disparue aussi, une inscription qui se lisait sur une des dernières maisons, à gauche en montant : *Non ultrà pestis*, 1628.

Bien des fois la peste avait ravagé Lyon, mais jamais le fléau ne s'était montré aussi terrible. Les rues, disent les chroniques, étaient jonchées de cadavres et l'on enterrait les morts jusque dans les caves. Cinquante mille personnes succombèrent au cours de cette épidémie qui ne cessa qu'en 1629. Le mal semblait s'attacher de préférence aux habitations aisées et aux quartiers aérés. On remarqua pourtant qu'il n'atteignit pas les hauteurs du côteau St-Sébastien.

C'est à l'occasion de cette peste que fut instituée la cérémonie anniversaire que nous voyons encore s'accomplir le 8 septembre, en suite d'un vœu fait par le Consulat.

De tous les quartiers de Lyon, la Croix-Rousse est celui qui a le moins exercé la plume des écrivains lyonnais. Heureux les peuples qui n'ont pas d'histoire ! dit la sagesse des nations.

A parler vrai, la genèse de la Croix-Rousse ne remonte pas très haut. Le seul événement de quelque importance auquel ce quartier servit de théâtre, est l'insurrection d'avril 1834. Chose plus remarquable, ces crimes dont foisonnent, d'ordinaire, la chronique des faubourgs populeux, sont inconnus ici.

Pays de labeur, aux mœurs quasi-patriarcales, qu'on s'est plu à gratifier de je ne sais quel renom bruyant et redoutable, il n'est pas un étranger, visitant la Croix-Rousse, qui ne s'étonne à parcourir ces rues où le travail seul fait tapage et où ne circulent que d'honnêtes et rassurants visages.

*
* *

Pendant la période romaine, ce vaste plateau qui s'avance comme un promontoire, au-dessus du confluent des deux rivières, fit sans doute partie du district sacré où s'élevait l'ensemble des édifices désignés sous le nom de « Temple d'Auguste ».

Il ne serait pas impossible que ce territoire fût limité au nord par les anciens fossés qui allaient du Rhône à la Saône et dont M. Guigue a signalé l'emplacement. Le tracé en est encore très visible : c'est la tranchée que suit, au delà de Montessuy, le chemin des Soldats, dont un tronçon descend vers Saint-Clair et l'autre vers l'Ile-Barbe.

Plusieurs de ceux qui ont étudié l'histoire lyonnaise, n'hésitent point à placer sur le plateau de Caluire et de Sathonay le camp de Jules César. Cette opinion est contraire, il est vrai, aux traditions reçues qui indiquent la plaine de Craponne, mais elle a pour soi quelque vraisemblance.

Les mêmes écrivains croient que c'est sur ces hauteurs, entre le Rhône et la Saône, qu'eut lieu la terrible rencontre entre Albin et Sévère, le 19 juin 197. Albin se serait retranché derrière les fossés de Montessuy, masqués avec des feuillages, et, c'est là qu'eût péri la cavalerie de Sévère. A chaque extrémité de la tranchée, un fortin, *castellum*, défendait le passage, le long du rivage des deux fleuves. Réfugié dans celui du Rhône, Albin vaincu s'y perça de son épée.

Durant tout le Moyen-âge, le territoire de la Croix-Rousse porta le nom de « plateau Saint-Sébastien ». Il ne prit son appellation actuelle qu'en 1560.

La conspiration d'Amboise venait d'échouer, et le cardinal de Tournon, archevêque de Lyon, ordonna des processions en action de grâce. A l'occasion d'une de ces processions, une croix de pierre de Couzon fut élevée au carrefour qui se

trouvait en haut de la côte Saint-Sébastien —
celle que nous appelons la Grand-Côte : d'où le
nom de Croix-Rousse que prit le faubourg en
formation.

Convenez que si cette croix avait le malheur,
comme emblème religieux, de choquer quelques
personnes, elle eût dû au moins trouver grâce
comme monument historique.

Les remparts, démolis il y a vingt-cinq ans,
avaient été construits en vertu de lettres-patentes
données par Louis XII, à Blois, en 1512. Cette
enceinte qui en remplaçait une autre plus ancienne, fut en partie élevée sous la direction de
Jean Perréal, un de ces génies multiformes qu'a
produits la Renaissance et que l'histoire nous
révèle comme peintre, poète et ingénieur.

La ligne défensive, complétée, au siècle suivant, par une suite de demi-lunes en avant,
se composait du fort Saint-Jean, des boulevards
Saint-Jean, de Notre-Dame, de la Grenoille, de
Saint-André, de la Tourette, de la porte Saint-
Sébastien, des boulevards d'Orléans, de la Fontaine et de Saint-Clair. Les portes des Chartreux
et de Saint-Laurent furent ouvertes postérieure-
ment. Quant aux demi-lunes, il en subsistait
encore une en 1840, dont la forme — c'était une
demi-lune triangulaire, par parenthèse — se
reconnaît dans le tracé de la place Tabareau.

.

Le faubourg de la Croix-Rousse, dont l'étendue fut déterminée par arrêt du 4 mai 1680, dépendait de la paroisse de Cuire. Sur le chemin en terrassement qui contourne le couvent des Trinitaires, on rencontrait, il y a peu d'années, une borne seigneuriale, aujourd'hui au musée lapidaire, marquant les confins de Cuire et de Lyon. La Croix-Rousse faisait donc partie du Franc-Lyonnais.

On sait quelle singulière constitution était celle de la minuscule province, ainsi nommée. Vers la fin du quatorzième siècle, quelques paroisses dont les sires de Beaujeu, les sires de Villars et les comtes de Savoie se disputaient la possession, secouèrent ces diverses suzerainetés et se joignirent à d'autres villages, anciennement soumis à l'église de Lyon. Cette agglomération, se plaçant sous l'autorité du roi de France, prit le nom de Franc-Lyonnais.

Neuville-sur-Saône, alors nommé Vimy, fut la capitale de cette sorte de petite république, formée de deux territoires, bornés, l'un et l'autre, par la Saône au couchant : dans le premier, la paroisse de Cuire, un tiers de celle de Caluire, Fontaines, Rochetaillée, Fleurieu, Neuville, une portion de Genay, Civrieux et Saint-Jean-de-Thurigneux; dans le second, les paroisses de

Saint-Bernard, de Riottier et le tiers de Saint-Didier-de-Formans.

Le Franc-Lyonnais avait une population de quatre mille âmes. Ses habitants étaient exempts des aides et gabelles, moyennant une somme de 3,000 livres payée tous les huit ans. Ils ne fournissaient pas de contingent à la milice, et pour la justice, ils relevaient de la sénéchaussée de Lyon.

Une ordonnance de Henri II, en date du 26 août 1556, maintenait les privilèges des bourgeois du Franc-Lyonnais et déchargeait nommément ceux de Cuire de toute imposition. Ces franchises furent confirmées par plusieurs arrêts, dont un, du 30 juin 1696, et, en dernier lieu, par lettres données en 1716.

Mais la Croix-Rousse, comme faubourg de Lyon, ne pouvait se soustraire à la fiscalité de la grande ville, et nous la trouvons, par arrêt royal du 18 mai 1773, assimilée aux autres faubourgs et assujettie aux droits d'entrée et octrois, mentionnés dans les lettres patentes de novembre 1772.

Cet arrêt royal de 1773 était une réponse à la protestation adressée un peu avant, le 26 avril, par les syndic, consuls et habitants de la paroisse de Cuire. La nouvelle route pour Genève et Strasbourg venait d'être ouverte, le long de la rive droite du Rhône, et la Croix-Rousse se trouvait dépossédée du passage des voitures et des voyageurs : car, depuis Agrippa, ce qui est encore la grande rue de la Croix-Rousse n'avait cessé d'être la voie du Rhin. Toutes les vieilles maisons à portes-cochères qu'on y voit sont d'anciennes auberges de rouliers, et quelques-unes ont conservé cette affectation jusqu'au commencement du siècle.

Les habitants voyant dans le préjudice que leur causait le déplacement de cette route, une raison de plus pour le maintien de leurs franchises, ne craignent pas, dans l'acte signifié en leur nom, d'ajouter « qu'ils repousseront la force par la force. »

Vous voyez que les Croix-Roussiens de ce temps allaient déjà bien ! Mais il faut reconnaître qu'en bien des circonstances, l'ancien régime se comportait d'une façon assez paterne. Ainsi, l'arrêté royal se borne à ordonner la suppression dudit acte, « comme contenant des termes téméraires et tendant à la sédition ». Franchement, on ne s'en tirerait pas maintenant à aussi bon compte !

Les habitants de la Croix-Rousse prirent-ils une part spéciale au mouvement de 1789 et, plus tard, à la résistance contre les armées de la Convention ? C'est peu probable, bien qu'en aient dit les romanciers qui, dans deux de nos journaux, ont exercé leur imagination sur ce thème.

Érigée en ville le 29 août 1821, la Croix-Rousse conserva son autonomie jusqu'en 1854.

Si la Croix-Rousse n'a presque pas d'histoire, elle n'a pas davantage de monuments. Il faut, toutefois, noter qu'elle possède une mairie ayant la physionomie d'un édifice public, ce que ne peuvent offrir les autres arrondissements dont les services ont tout l'air d'être logés en garni.

L'église principale, Saint-Denis, est l'ancienne chapelle d'un couvent d'Augustins réformés, fondée en 1624 et considérablement agrandie et remaniée, il y a quarante ans. On y voit une chaire d'un beau style, sculptée en plein bois, d'autant plus remarquable que cette partie de l'aménagement de nos églises lyonnaises est assez piètre.

Les Savaron avaient leur sépulture à Saint-Denis. Le fief de cette famille subsiste encore presque intact : c'est un vaste clos, traversé par le chemin de fer, prenant entrée sur la rue de Cuire, par un portail accompagné de deux meurtrières tournantes. Quelques vieux bâtiments forment, au centre, une sorte de hameau pittoresque. Il n'est pas rare d'entendre dire que c'est une ancienne habitation de Templiers : j'ai vainement cherché sur quoi pouvait reposer cet on-dit.

Un pensionnat de jeunes filles y était installé naguère. Au surplus, les établissements d'éducation se portaient volontiers à la Croix-Rousse, et cette faveur ne date pas de ce siècle. Dès la fin du dix-septième, les sœurs de Saint-Charles élevaient la maison de l'Enfance, dans la rue de ce nom ; les Jésuites ouvraient un collège, rue d'Enfer, et des écoles de garçons et de filles étaient installées dans les petites maisons qui sont encore aux deux angles du passage de l'Enfance et de la rue de Cuire.

Ces traditions semblent devoir se perpétuer : les deux écoles normales d'instituteurs ont été bâties sur le plateau, et, après avoir partout cherché une place pour un Lycée, peut-être reviendra-t-on à la Croix-Rousse dont il fut déjà question. Il s'y trouve encore d'immenses clos, dans une exposition magnifique, qui se prêteraient à merveille à une création de ce genre.

C'est, d'ailleurs, à ses qualités de quartier bien aéré, bien lumineux, moins sujet que la basse ville aux brouillards permanents, que la Croix-Rousse a dû son développement. Pendant plus de deux siècles, les tisseurs s'étaient confinés dans les vieux quartiers de l'Ouest et à la Grand-Côte, travaillant dans des pièces étroites et médiocrement éclairées. Mais quand le métier Jacquard vint à prédominer, il fallut plus de hauteur pour l'installer, et, de ce moment, commença l'abandon des anciens quartiers et des vieilles maisons.

Qu'il faille plus de hauteur, c'est une nécessité hors de conteste ; mais pourquoi faut-il aussi plus de lumière aux ouvriers modernes ? Sont-ils donc moins habiles que leurs devanciers ouvrant, derrière un étroit châssis, ces étoffes merveilleuses dont il nous reste quelques échantillons, si compliquées de tissu, si délicates de dessin et de nuances ?

Hélas ! au nombre de ses déchéances, la race humaine doit mettre en première ligne l'affaiblissement du sens visuel. L'excès de clarté est pour nous un besoin, mais il y aurait à chercher si nous nous éclairons davantage parce que nos yeux valent moins, ou si nos yeux sont moins bons parce que nous sommes trop éclairés.

Sans avoir connu les carreaux de papier huilé, j'ai souvenance qu'en mon enfance, au logis paternel, on allumait une bougie le soir et que nous veillions très bien à quatre, autour de ce chétif flambeau. Mais, si nous voulions remonter aux âges primitifs, nous trouverions que le luminaire et tant d'autres expédients, moyennant quoi nous corrigeons la nature, étaient à peu près inconnus.

Aussi, les yeux voyaient-ils, de loin comme de près, sans lunettes ; les mâchoires broyaient les viandes coriaces et les aliments grossiers; les chevelures, drues et plantureuses, suffisaient à garder la tête des intempéries, et il en restait de quoi tresser de longues nattes retombant sur chaque oreille. En un mot, on possédait au suprême degré ces trois choses que bientôt nous ne connaîtrons plus que de nom et dont nos grands-pères tiraient encore un de leurs dictons favoris : « Du cheveu, de l'œil et de la dent. »

Je demande pardon à mes lectrices de cette digression, au cours de laquelle — comme elles l'ont bien compris — je n'avais en vue que le sexe laid, et je reviens à la Croix-Rousse.

Ce vaste plateau était des plus propres à recevoir les ruches modernes à cinq étages, d'où s'échappe constamment un bruit de vie et de travail. En quelques années, il s'y groupa une population spéciale, dont le type va s'effaçant un peu, mais qui garde encore une physionomie originale.

Pendant longtemps, le Croix-Roussien, séparé de Lyon par les vieilles fortifications, vivait sur son plateau comme une sorte d'insulaire. Lyon n'existait pour lui qu'à l'état de résidence des « négociants », il allait « en ville » comme il disait, uniquement lorsqu'il y avait affaire et seulement jusqu'où l'appelait son affaire. Sa villégiature des dimanches, sauf rares exceptions, se bornait aux forts de Cuire et de Montessuy. La semaine, pendant les soirées d'été, on allait prendre le frais sur le cours des Tapis, ou bien l'on restait à deviser sur le seuil des portes de la Grande-Rue, les gens du sexe fort se contant entre eux des histoires parfois un peu grasses et envoyant d'autres fois des apostrophes un peu vives aux promeneuses en belle humeur.

*
* *

Il faut l'avoir connue, l'ancienne Grande-Rue, pavée de cailloux pointus, sans trottoirs, en chaussée brisée, avec la « rase » au milieu. Les voitures que rien n'obligeait plus à suivre ce chemin, étaient passées à l'état de curiosité. Les paysannes, en ce temps-là, se rendant à âne au marché, on ne rencontrait guère que le camion du brasseur ou du meunier qui venait, de loin en loin, alimenter les cabarets ou les boulangeries du quartier.

Pourtant, je dois à la vérité de noter qu'il y avait deux attelages, mais d'une allure peu dangereuse, circulant quotidiennement dans la Grande-Rue.

D'abord, l'omnibus du pont Morand à Caluire : antique et monumentale patache, d'une coupe et d'une couleur qu'on ne voit plus, tirée par deux chevaux, l'un borgne et l'autre aveugle : en sorte que ces vénérables animaux n'avaient qu'un œil à eux deux. Les gens aisés — les « bourgeois » comme on disait — se payaient seuls le luxe remarqué d'un trajet en omnibus. Et encore ces sybarites se croyaient-ils obligés de prétexter, qui d'un peu de rhumatisme, qui d'un asthme chronique.

L'autre équipage était celui d'un industriel dont le gagne-pain consistait à monter de la ville à la Croix-Rousse les denrées des épiciers et autres marchands. A cet effet, il avait une charrette attelée de quatre à cinq ânes, de tailles et de robes différentes, mais pareillement maigres, décharnés, et rendant, sous les coups réitérés du manche de fouet, le même son sec et lamentable. Le métier ne paraissait pas engraisser davantage le maître que les serviteurs, et tous ont dû, chacun en son temps, mourir de misère.

Ce pauvre convoyeur ne manquait pas d'une

certaine verve. Un jour son attelage —il avait sans doute ses raisons pour cela, — refusait absolument d'avancer. C'était l'heure où les compagnons, vivant à cette époque en famille et à la table des chefs d'ateliers, descendaient, après dîner, fumer une pipe et faire une causette sur le seuil de l'allée. Toute la voisinée, en riant aux éclats, suivait les péripéties du duel engagé entre le voiturier et ses pensionnaires, quand celui-ci, les bras croisés et l'air grave : « Vous êtes vraiment dit-il, trop bêtes pour des ânes. N'était la crainte de Dieu et le respect de mes semblables, je vous f...icherais tous apprentis canuts ! »

Au nombre des équipages dont la venue faisait sensation, il faut citer les marchands d'orviétan. Il s'en trouvait qui remuaient, dans un grand coffre, des écus de cinq francs, avec une pelle à charbon, afin de bien démontrer qu'ils n'avaient nul besoin de travailler : c'était pour le côté philanthropique de leur mission. Puis ils vous montraient quelque squelette articulé : voilà pour le côté scientifique. Aujourd'hui, on est plus exigeant, mais est-on moins crédule ?

Autrefois, les spectacles en tous genres ne s'offraient pas au populaire, comme à présent. Un pitre qui passait la langue sur une pelle rougie au feu, un caniche qui devinait la carte pensée, c'en était assez pour attrouper quelques centaines de personnes et provoquer de frénétiques bravos.

Aussi l'époque de la « vogue » était-elle attendue avec une impatience qui tenait presque de la fièvre. Quinze jours à l'avance, les ménagères faisaient rétamer leurs couverts, et quand, le samedi soir, la retraite parcourait le faubourg, tout le monde était sur les portes pour assister au défilé. Tout au bout de la rangée des tambours se tenait le fifre, dernier représentant, aujourd'hui disparu, de l'antique musique guerrière des Gaulois, égrenant ses fioritures perlées dans le sourd roulement des tambours et les hurrahs joyeux des enfants.

Et le dimanche matin, c'était le défilé des vogueurs, musique en tête, tous la badine à la main, la veste galonnée d'or et le chapeau relevé à la Henri IV, avec trois plumes aux couleurs nationales. Bien en avant, le tambour major, avec son colback en « véritable ours noir ». Lorsqu'il remplissait les mêmes fonctions, à la tête des souffleurs pour le mardi gras, il avait un bonnet en ours blanc. Cette double tenue officielle était citée comme le comble du luxe et du bon goût.

Toute la grande rue était encombrée de marchandes de marrons, de matefins et de pâtés aux poires cuisse-dame ou aux brignoles. Sur la place c'était une cohue dont on peut se faire une idée, en se rappelant que le boulevard actuel n'existait pas et que tout était massé sur le marché et l'étroit carré où s'élevait la croix.

De tradition, le cirque était toujours dressé contre le gymnase militaire, et M. Roque, « physicien du roi », trônait le long du rempart. Je puis bien dire : trônait, car jamais souverain n'eut pareille cour autour de lui et n'excita autant de transports de sincère admiration.

Maintenant, les baraques se sont transformées en « loges » ; il y a des banquettes qui affectent la prétention d'être rembourrées ; plus de lampions fumeux à la graisse ; le paillasse s'appelle « clown », les hercules sont des « artistes » et les escamoteurs des « professeurs de prestidigitation ». Mais il faut avouer que le répertoire n'a guère changé.

Au moins, dans ce bienheureux temps, la moitié des tours s'exécutait dehors, *gratis pro Deo et coram populo*, et si l'envie vous prenait d'aller voir la suite dedans, il ne vous en coûtait, malgré tous les superlatifs de l'annonce que quinze centimes, trois sous.

Jadis, à chaque fête patronale d'une corporation, des ménétriers venaient à deux offrir un bouquet aux marchands du métier. C'est, je crois, à la Croix-Rousse, que se sont donnécs les dernières de ces aubades. Vers 1850, il n'en restait plus qu'un de ces pauvres violoneux. Je le vois encore, pour la saint Antoine, grelottant sous sa vieille lévite usée, accompagné d'un gamin de bonne volonté qui portait le panier aux bouquets, et scandant d'un archet mal assuré, à la porte des charcutiers, un air de scottisch, « danse nouvelle ».

Pour compléter ce tableau de l'ancien faubourg, faut-il évoquer quelqu'une de ces fêtes officielles, où le conseil municipal s'avançait, escorté des pompiers, avec les sapeurs balançant d'imposants bonnets à plumet rouge et de solennels tabliers blancs, et le caporal portant comme un glaive flamboyant la grande scie dentée sur l'épaule ?

C'était à l'occasion du passage du duc de Nemours. Personne, ayant une harangue à prononcer, n'aurait alors osé, comme maintenant, tirer un papier de sa poche et lire au nez du héros un discours — à l'instar d'un huissier signifiant un exploit. On voulait avoir l'air de parler d'abondance, et celui qui se défiait de ses moyens, apprenait son compliment par cœur.

Or, le maire de la Croix-Rousse, en dépit de nombreuses répétitions préparatoires, sent, dans son émoi, la mémoire lui échapper. La mémoire, oui, mais non la présence d'esprit ; car aussitôt il se remet et dit posément : « Monseigneur, vous voici à la Croix-Rousse. Vous n'y trouverez que de braves gens. »

Dieu sait si tous nous en avons entendu, des harangues de toute longueur ! Pour ma part, je n'en connais pas de meilleure que celle-là — d'autant meilleure qu'elle valut la croix à l'orateur.

Il y avait encore d'autres fêtes chères aux populations : les processions de la Fête-Dieu, par exemple. Dès le jeudi, les fillettes avaient leurs cheveux en papillottes ; chacun interrogeait le temps et tirait des pronostics ; il circulait des brassées de feuillages et de fleurs. Puis, le dimanche venu, c'était un branle-bas général.

Il s'agissait de tapisser les maisons. Les draps de lit — *proh pudor !* — fournissaient l'élément principal de ces tentures improvisées, et, semés de bouquets et de guirlandes, masquaient pour une heure ou deux tous les rez-de-chaussée. Bientôt se faisaient entendre la voix des chanteuses ou la batterie des tambours, et le cortége défilait dans un nuage d'encens et de roses effeuillées, sur la chaussée jonchée de verdure, entre deux haies de spectateurs émus, qu'ils le veuillent ou non.

Des règlements ont interdit ces processions, d'autres pourront nous les rendre. Mais ce qu'on ne nous rendra pas — j'en ai bien peur — c'est la jeunesse de mœurs, la simplesse des âges antiques, qui seules rendaient possibles en ville ces manifestations extérieures.

**

Après avoir étudié la population dans la rue, il est temps de la voir chez elle. Personne qui ne connaisse ces modestes logis où s'écoule l'existence laborieuse du tisseur. Au temps passé, quand le chef d'atelier occupait régulièrement plusieurs ouvriers et ouvrières et que tout ce personnel s'asseyait à la table du maître et couchait sur la soupente légendaire, c'était la vie patriarcale dans son antique simplicité.

L'existence du tisseur ne ressemble pas à celle des autres ouvriers. Ainsi, aux heures de travail, il est, en fait, dans une solitude complète, le bruit des métiers l'empêchant d'échanger même un mot avec ses voisins. Cet isolement et la liberté relative laissée à son esprit par le travail mécanique qu'accomplissent ses bras et ses pieds, favorisent singulièrement chez le tisseur le développement de ce fonds de mysticisme que tout Lyonnais porte en soi.

Aussi, sous ces dehors narquois, le canut nourrit un sentiment de rêverie et une sensibilité que vous ferez facilement jaillir. S'il se dit religieux, soyez assuré qu'il l'est profondément; s'il s'avoue libre-penseur, croyez-bien que c'est à la façon de Renan plutôt que de Paul Bert.

L'ouvrier en soie a toujours eu plus de connaissances que n'en a la généralité des travailleurs à petit gain, parce qu'il a toujours lu beaucoup. J'ai connu un brave garçon qui avait en permanence un volume de Racine dans son « caissetin », et qui avait ainsi appris par cœur tout Athalie et tout Britannicus. Les poètes et les musiciens n'étaient point rares — du moins parmi ceux de la génération qui s'en va.

Quand je dis « poète », il faut s'entendre. Mais, si la forme n'est pas toujours irréprochable, le jet fait rarement défaut, et vous retrouverez, dans mainte de ces strophes peu connues, la nargue malicieuse de Guignol cachée sous la plainte doucereuse de Jacques Bonhomme.

Un instrument qui fut cher aux virtuoses croix-roussiens, c'est l'accordéon. Monotone et dolent, l'accordéon répondait à merveille au génie local. Il avait — ce qui ne gâte rien — le mérite d'être peu coûteux d'achat et facile aux commençants. Aussi, chaque atelier un peu nombreux avait-il le sien. Quand, les dimanches d'été, on rentrait de la promenade habituelle aux forts ou d'une excursion extraordinaire au Mont-Cindre ou à Charbonnières, l'accordéon ouvrait la marche, comme la lyre aux jours de Pindare ou d'Anacréon. Et l'hiver, pour Sainte-Catherine, les Rois ou le Dimanche des Bugnes, c'était encore l'accordéon qui, dans l'atelier désencombré, marquait le pas au quadrille de famille.

Je crains fort que tout cela ne soit plus. La

Croix-Rousse possède aujourd'hui des brasseries monumentales, et sa population émigre chaque dimanche, quand ce n'est pas chaque soir. On n'y fait sans doute plus de vers, se contentant des insanités rimées que Paris nous envoie, sur des airs qui ont le double défaut de n'être ni connus ni nouveaux.

Puisque nous parlons du tempérament intellectuel de l'ouvrier en soie, constatons qu'il réalise au plus haut degré cette tendance du caractère lyonnais, d'attacher plus d'importance aux questions économiques qu'aux choses de la pure politique. *Primo vivere, deindè philosophari.*

Quoiqu'il vous en semble au premier coup d'œil, l'ouvrier en soie se passionne peu pour les abstractions politiques ou sociales. Vous pouvez être assuré qu'il ne fera de bruit dans la rue, qu'autant qu'il n'aura pas autre chose à faire. Au moment du coup d'Etat de 1851, la Croix-Rousse travaillait ; personne ne s'est dérangé.

D'ailleurs, la fameuse société des « Voraces » dont il fut tant question n'était pas autre chose, dans ses origines, qu'une association de consommation : d'où ce sobriquet dont on a réussi à faire ensuite un épouvantail.

A présent encore, ce mode d'association est très pratiqué dans le monde des tisseurs. On peut même dire que les Sociétés de consommation, fondées dans les quartiers d'ouvriers en soie, sont les seules qui aient eu du succès jusqu'à présent.

C'est aussi à la Croix-Rousse qu'ont pris naissance ces associations d'épargne, où chaque adhérent effectue un versement mensuel de deux ou trois francs et devient ainsi co-propriétaire de titres de rente, d'obligations ou autres valeurs, dont la liquidation, en capital et intérêts accumulés, est faite tous les cinq ans. A un moment donné, il peut se trouver là un point de départ pour l'institution du crédit populaire et de la production coopérative.

En ce moment, le développement à venir de la Croix-Rousse semble menacé, par suite de la transformation que subit l'industrie du tissage. La fabrication mécanique s'impose et le travail, en chambre est appelé, sinon à disparaître, du moins à décroître. Pas plus que moi, je présume, vous n'êtes admirateur de l'usine, et comme moi, vous regretterez l'antique organisation qui permettait à la famille réunie d'accomplir en commun la tâche quotidienne.

Mais, quelles que soient les destinées de la fabrique lyonnaise, ce beau plateau ne saurait tomber en défaveur, et, si les tènements non bâtis ne sont plus appelés à se couvrir de maisons ouvrières, il faut espérer que d'autres habitations y seront installées.

Entre toutes, la partie située entre la rue de l'Enfance et la rue des Missionnaires, doucement inclinée au couchant, dans l'exposition la plus salubre et la plus charmante qu'on puisse rencontrer, doit attirer peu à peu une population avide d'air et de lumière.

En toute prévision, l'administration municipale devrait y ouvrir quelques larges voies, et ne point renouveler les fautes qui ont été commises, par exemple, quand on a laissé s'établir l'entrée étranglée du cours Lafayette. Il y aurait notamment à tracer, dans le sens de la rue Saint-Pothin, une avenue qui ne tarderait pas à être bordée de chaque côté par de charmantes résidences.

Un projet avait été déjà formulé — il doit y avoir près de cinquante ans — par un architecte qui coupait le plateau au moyen de deux grandes voies croisées, allant du nord au midi et de l'est au couchant. La réalisation de ce projet eût été facile à l'époque ; elle est, pour moitié, impraticable aujourd'hui, et risque de devenir complètement impossible dans quelques années, qu'on ne l'oublie pas.

Il resterait, pour satisfaire aux exigences de la vie actuelle, à créer un moyen de locomotion entre le centre de la ville et ces hauts quartiers. Le cours des Chartreux présente une pente assez modérée pour qu'une traction quelconque s'y établisse.

Il y aurait encore la ressource d'un ascenseur, installé dans les culées du pont dont il est question depuis de si longues années, destiné à relier le coteau des Chartreux à celui de Fourvière. Mais ne faut-il pas ranger l'établissement de ce pont parmi les projets que les bons Lyonnais se transmettent de génération en génération, et dont la contemplation, sur le papier, se recommande aux âmes qui ont foi dans l'avenir ?

DE SAINT-CLAIR AUX CORDELIERS

Marcher en pays découvert, en tenant constamment la hauteur et en évitant d'être dominé, telle est la règle qui présidait au tracé des voies antiques. Les rapports de province à province et de pays à pays se sont longtemps accommodés de ce régime. On a pu dépaver les chaussées d'Agrippa pour en utiliser les matériaux, reconnaissables encore dans mainte muraille de jardin longeant les anciennes voies, mais le tracé s'en est scrupuleusement conservé jusqu'au siècle dernier.

C'est seulement en 1717 que le chemin de halage, longeant la rive droite du Rhône, commença à se transformer en grande route. De la base du bastion Saint-Laurent jusqu'au promontoire où sont assises les maisons Milanais et Tholozan, le fleuve s'épandait en un beau bassin semi-circulaire. Il fallut conquérir cet espace sur les eaux et bâtir sur pilotis les riches habitations du nouveau quai Saint-Clair.

Une chapelle de ce nom, ancienne recluserie, s'élevait au pied du rempart. On a remarqué que les recluseries de Lyon confinaient toujours à d'anciennes portes de la ville. Ce qui autorise l'hypothèse de quelques historiens, voyant dans les reclus une sorte de confrérie religieuse vouée, à l'origine, à la garde des portes et s'enchaînant à ce ministère par des vœux à vie.

Tout le long du quai étaient amarrés ces moulins babillards, aux toits verdis, aux aubes sans cesse agitées, qui mettaient tant de vie, de bruit et de gaîté à l'entrée de la ville et que beaucoup ont encore connus. Comme ces habitants des pays lointains que la civilisation refoule et condamne à l'éloignement d'abord, puis à une disparition complète, les moulins ont dû émigrer au quai d'Herbouville, et vous n'en voyez plus qu'un, dont la carcasse vermoulue et tremblotante a été utilisée pour une production d'air comprimé.

A côté de la chapelle Saint-Clair, les pénitents de la Croix avaient leur église, et une société de jeu de paume avait sa salle, aujourd'hui affectée au « Magasin général des Soies. »

Les bureaux de la Loterie remplacèrent le jeu de paume, si complètement disparu de nos mœurs lyonnaises. Je ne sais quel est votre sentiment sur les loteries en général et sur l'ancienne loterie d'Etat en particulier. A mon humble sens, ce sont de pitoyables institutions, et je regarde comme un legs des temps barbares l'existence de ce qu'on appelle « les valeurs à lots. »

Certains moralistes, argüant de la soif d'aléa qui est dans le tempérament de tout homme, estiment qu'il vaut mieux ouvrir des abreuvoirs sous l'œil paterne de l'autorité. Mais, à ce compte, il est tant d'institutions auxquelles il faudrait accorder l'estampille officielle !

J'ai connu un Italien, fier que son pays possédât encore la loterie — dont il trouvait, au surplus, la justification dans les *Proverbes* de Salomon — et qui ne voyait qu'une réforme pour rendre cette institution parfaite : c'était de l'interdire aux indigents assistés, aux domestiques et aux enfants. Mais, juste Ciel ! si l'on retirait cette clientèle au *Loto reale*, que lui resterait-il donc ?

Remarquez que mon transalpin mettait les domestiques de son pays entre les indigents et les enfants. Il en irait autrement en France où l'on a pu dire en plein Parlement, dans la discussion sur les chemins de fer : « Le chemin de fer du Nord ! Il appartient aux cuisinières. Ce sont elles qui possèdent la plupart des titres. »

Après la Loterie, le bâtiment fut occupé en 1836, par la Banque de Lyon, jusqu'alors installée dans l'ancien claustral des Capucins et réunie, douze ans plus tard, à la Banque de France. Les bureaux n'ont quitté la place Saint-Clair que pour venir occuper le princier hôtel que l'administration s'est édifié, lors de l'ouverture de la rue Impériale.

C'est sur l'emplacement même de la chapelle des pénitents de la Croix, que se trouve la maison « aux quatorze étages », en réalité composée de deux constructions se raccordant rue des Fantasques. Il y avait autrefois un théâtre, où s'exerçaient des amateurs et se formaient des élèves, sous la direction de Genin, le superbe héros des drames de Bouchardy.

**

Traversons le jardin de l'ancien séminaire. Aussi bien offre-t-il cette particularité d'être à peu près le seul, de tous nos jardins publics, possédant de l'ombre pendant les après-midi d'été.

Nous voici en plein quartier de fabrique. Allez à droite, allez à gauche, poursuivez jusqu'aux Terreaux et au-delà : ce sont toutes maisons envahies, du rez-de-chaussée au cinquième, par les marchands de soie, les fabricants ou les commissionnaires en soierie, et les industries annexes du devidage, de l'apprêt ou de l'emballage.

Suivant le terme usité, il se brasse des millions derrière ces petits écrans verts qu'on voit appendus aux carreaux inférieurs des fenêtres. Mais que l'étranger ne cherche point le mouvement et le bruit des grandes places maritimes : ici, une affaire de cent mille francs se traite dans un magasin de quelques mètres carrés ; une douzaine de caisses et un camion suffiront pour emporter le tout à la gare.

Acheteurs circulant d'une maison à l'autre, commis « rentrant de la ronde », ouvriers venant rendre leurs pièces, devideuses porteuses de balles pleines de roquets, garçons teinturiers ou apprêteurs emportant ou livrant des marchandises : voilà le seul public qui donne un peu d'animation à ces rues, dont l'aspect éveille l'idée d'un couvent ou d'un phalanstère plutôt que d'un marché classé parmi les premiers du monde.

C'est une physionomie bien connue, celle du fabricant lyonnais ; mais son portrait n'est point aisé à faire. L'étranger risque fort de mal interpréter certaines parties du modèle, et le Lyonnais est gêné, parce qu'il sent qu'il va nécessairement placer un de ses amis sur la sellette.

L'ancien fabricant était un véritable type de comédie, et il est à regretter qu'il n'ait été mis à la scène par aucun maître. Assez souvent ouvrier parvenu à force de travail, d'intelligence et de persévérance, il voulait bien être riche, il désirait qu'on le sût, mais il s'efforçait de ne point le paraître.

Il avait maison de campagne et voiture ; à la

ville, il habitait un troisième étage et circulait à pied. Sa femme sortait peu, ignorant ce qu'on entend par promenades ou par visites; autrefois une dame lyonnaise ne sortait jamais que pour « faire des commissions. »

Ceci me remet en mémoire une de ces histoires que conte si bien Gérôme Coquard. Le héros est un maître tisseur, lequel avait eu l'honneur de recevoir dans son atelier, à la Croix-Rousse, la visite des membres des diverses dynasties qui ont régné sur la France depuis le commencement du siècle. Il les avait, d'ailleurs, tous plus ou moins portraits sur son métier.

Se trouvant à Paris, pour l'exposition industrielle de 1845, il va rendre aux hôtes des Tuileries les nombreuses visites qu'il en a reçues : « Eh bonjour, sire. Vous allez bien ? — Vous êtes bien honnête, M. C... Je ne vais pas mal. Vous paraissez vous-même en bonne santé. — Ça va tout à la douce. Et madame la reine se porte bien aussi ? — La reine se porte à merveille, je vous remercie. Mais elle n'est pas au château en ce moment. — Ah ! oui, je comprends, elle est sortie, elle est allée faire des commissions. »

Le fabricant de soieries a pris, depuis quarante ans, d'autres allures, mais on peut toujours le définir en disant de lui que c'est le Lyonnais porté à sa deuxième puissance. Sous son masque tant soit peu bénin, sous ses allures toujours « un peu tatillonnes », vous pouvez retrouver l'héritier des Smyrniotes de Lugdunum et des Florentins du moyen âge. Il en a les qualités et aussi les défauts.

Toutefois, de leurs traditions, il en est une qu'il a perdue : c'est l'esprit d'aventure. Gâté par plusieurs siècles de prospérité, habitué à voir les consommateurs du monde entier affluer dans ses magasins, il a cessé d'ouvrir l'œil sur les marchés lointains et il répugne à relancer l'acheteur chez lui. C'est pourtant une question de vie ou de mort pour la fabrique lyonnaise, et il lui suffirait de reprendre les traditions des ancêtres pour assurer son incontestable suprématie.

* * *

Que nous prenions par la Glacière ou par la place Tholozan, nous arrivons au Grand-Théâtre.

La destinée de tout théâtre est de périr par le feu. Les diverses salles qu'a possédées Lyon n'ont pas manqué de subir cette loi. Seul le monument qu'a remplacé le Grand-Théâtre actuel est mort bourgeoisement sous le pic des ouvriers.

Jean Neyron qui avait bâti, en 1540, la salle de la rue des Augustins, étant mort, et ses propriétés s'étant vendues, Lyon resta sans local affecté aux spectacles. On jouait des mystères au collège de la Trinité, et quelques-uns se chantaient en entier sur des airs du temps. Lors des noces d'Henri IV, les comédiens italiens s'installèrent dans la salle de la Manécanterie de Saint-Jean, à la grande joie, sans doute, des clergeons qui devaient trouver dans ce voisinage une diversion tout à fait de leur goût.

C'étaient encore les temps préhistoriques de l'art dramatique. Vers 1653, Molière amena une troupe ambulante et joua pour la première fois sa comédie de l'*Etourdi*. Les représentations se donnaient dans le jeu de paume de Saint-Paul, et avec un tel succès que de Brie, Raguenau, Mlle Duparc et Mlle de Brie qui faisaient partie d'une autre compagnie de passage à Lyon, n'hésitèrent point à entrer dans la troupe de Molière.

Quelques années plus tard, Molière, revenant du Midi, aurait joué de nouveau à Lyon. Cette fois, c'était au bénéfice des pauvres et pour le compte des recteurs de l'Hôtel-Dieu. La recette n'atteignit pas moins de « quatre cents livres ». On conserve aux archives un sac rempli de billets créés à cette occasion.

L'Opéra commençait à pénétrer en France. Une salle qui, en 1689, avait déjà brûlé trois fois, fut construite dans la rue du Garet. D'autre part, le maréchal de Villeroy faisait bâtir, dans les dépendances de l'hôtel du Gouvernement, le théâtre dont nous avons parlé et qui subissait deux incendies à cinq années d'intervalle. Le Consulat se préoccupa de construire un nouveau théâtre.

L'emplacement choisi fut le jardin de l'hôtel de ville qui s'étendait alors entre le monument et le Rhône. Soufflot y éleva une salle dont l'inauguration eut lieu en 1756 ; la célèbre tragédienne Clairon vint exprès de Paris pour jouer le rôle d'Agrippine, dans *Britannicus*.

C'est à Lyon que furent donnés, pour la première fois, *Pygmalion* et le *Devin de village*, deux œuvres où Jean-Jacques Rousseau eut pour collaborateurs deux Lyonnais : Horace Coignet pour la première et Granier pour la seconde. Le goût de la comédie était alors, chez les Lyonnais, plus vif et plus général qu'il ne le fut au siècle suivant ; car on vit les *Fourberies de Scapin* jouées au couvent des Grands-Capucins, sans que personne y pensât à mal.

Le théâtre de Soufflot fut rebâti en 1828, par Chenavard et Pollet. Tout le monde connaît cette massive construction que n'arrivent point à égayer extérieurement les échoppes de libraires tapies sous le péristyle et les statues des huit muses juchées sur le fronton.

A Lyon, il n'y a que huit piédestaux, ce qui a causé l'éviction d'Uranie. A Bordeaux, il y en a dix. Je demandais à un impresario bordelais quelle était la dixième muse : « Celle du bout ? me répondit-il mélancoliquement. Elle est bien maigre : ce doit être la muse de la Subvention ».

Qu'il y ait des boutiques au rez-de-chaussée de

notre théâtre, cela ne doit pas surprendre. Il est, au contraire, étonnant qu'on ne leur ait pas donné plus d'importance. Car il est de tradition que tous les monuments à Lyon aient leur contingent de locataires. J'ai connu un marchand de parapluies dans le pavillon sud-est de l'hôtel de ville; le lycée n'a perdu sa colonie de boutiques que depuis peu, et il s'y trouvait même un teinturier dégraisseur qui « rallongeait les pantalons trop courts » ; le palais Saint-Pierre, la Bourse, Saint-Bonaventure et Saint-Nizier, abritent toujours les industries les plus disparates.

Place de la Comédie aboutit la plus belle voie de Lyon, la seule offrant un aspect monumental et digne d'une ville opulente. Les Lyonnais, qui ne sont pas heureux dans les appellations de leurs rues nouvelles, qui ont donné le nom de rue du Commerce à une rue située en dehors du quartier des grandes affaires et de rue Centrale à une rue qui est sur le flanc de la presqu'île, ont longtemps cherché un nom pour leur voie principale. Par un effort d'imagination, ils l'avaient appelée rue de Lyon ! Il a fallu plus de dix ans pour arriver à trouver le nom actuel.

Prenons à gauche et longeons le lycée, cette monstrueuse bâtisse, *indigesta moles,* que l'administration s'obstine à perpétuer à coups de million. Si jamais occasion favorable s'est présentée pour raser ce malencontreux collège, c'est bien quand fut agitée la question d'édifier une préfecture du Rhône. Bâtir un lycée ailleurs, en bel air, et remplacer celui-ci par la préfecture, c'était une conception si simple que tout le monde y a pensé — excepté le conseil du département.

Notre collège eut les plus humbles origines et doit sa fondation à la confrérie de la Trinité. Formée vers l'an 1300, cette confrérie était nombreuse et puissante. Les associations qui portent ce nom aujourd'hui et qui vivent sous la tutelle étroite du clergé parroissial, ne peuvent nous donner une idée de ces anciennes sociétés, englobant toute la ville, en possession d'un patrimoine souvent considérable, ayant leur sanctuaire à elles et jouissant de la plus complète autonomie.

La confrérie possédait une grange au bord du Rhône. En 1510, les courriers y ouvrirent des classes pour les enfants des confrères. Dix-sept ans après, l'école cédée au Consulat fut transformée en collège. Au nombre des premiers professeurs figurait Claude Bigotier, qui chanta les raves dans la langue de Virgile, et Barthélemy Aneau qui, devenu principal du collège, devait être massacré pendant les troubles de la Ligue.

Que si vous tenez à savoir ce qu'il en coûtait aux externes pour s'initier aux belles-lettres, je puis vous dire que la rétribution mensuelle était fixée à deux sols six deniers. Le principal recevait, pour lui et son corps de professeurs, la somme de quatre cents livres, quelque chose comme huit mille francs aujourd'hui. Sans remonter si haut, ceux qui ont appris à lire il y a quelque quarante ans, ont connu les écoles à trente sous par mois. Une classe d'une trentaine d'élèves rapportait cinquante francs au maître.

Avant la fin du seizième siècle, le collège passe aux jésuites. C'est par eux qu'ont été construits les bâtiments actuels, et il est à noter que, dès cette époque (1607), les directeurs du collège trouvaient l'emplacement insuffisant. Ils demandèrent au Consulat l'abandon des Terreaux et ne se décidèrent qu'après refus, à bâtir le nouveau collège à la place de l'ancien, dont les vignes et jardins furent successivement sacrifiés.

La seule partie à regretter, lorsque la pioche attaquera cet amas de constructions, c'est le vaisseau de la Bibliotèque, œuvre du père Martel Ange, jésuite lyonnais. Cette belle salle disparaîtra sans qu'on lui ait jamais donné, pour la desservir, un escalier digne d'elle. Laisser les monuments inachevés, c'est — nous l'avons déjà constaté — un fait assez fréquent à Lyon.

Cette tendance à s'arrêter à mi-chemin a certainement ses causes dans le tempérament local. On peut dire — toute révérence gardée — que nos grands hommes même ont tous été plus ou moins « inachevés ». Aucun n'eut un de ces vols de pleine envergure qui vous portent au premier rang. La plupart d'entre eux ne paraissent pas, d'ailleurs, en avoir pris souci, et le Lyonnais ne vise guère à une renommée qui dépasse les limites de l'octroi.

**

Vous ne tenez pas, je présume, à ce que nous traversions la halle des Cordeliers. Après avoir salué en passant l'hôtel de la Caisse d'épargne, nous dirigerons nos pas tout au long de la Bourse.

C'est un beau monument — on ne peut rien dire de plus — élevé sur les plans de Dardel, et qui a le rare mérite d'être le seul édifice public de Lyon offrant une installation suffisante aux divers services qui doivent y trouver place.

La place des Cordeliers est le terme de cette promenade. Nous nous aventurerons, la prochaine fois, dans ces vieilles rues qui subsistent encore par tronçons, et dont les vénérables demeures évoquent tant de souvenirs chez les hommes de la génération antérieure à la transformation des quartiers du centre.

Saint-Bonaventure date de 1326, mais le porche a dû être refait et accuse le style du seizième siècle ; au surplus, la façade a été à peu près complétement réédifiée de nos jours. Cette église a remplacé une modeste chapelle conventuelle, bâtie par les Cordeliers en 1220, sur un terrain à eux concédé par le sénéchal de Grôlée.

C'est de lui que la rue voisine tient son nom, et pas des honorables industriels « regrôleurs » comme d'aucuns l'insinuent, s'autorisant d'un détestable calembour. Grâce au club politique établi dans ces parages, la famille de Grôlée — dont un des membres, en 1360, allait en Angleterre traiter de la liberté du roi Jean — a obtenu dans nos fastes modernes, une place à laquelle elle ne prétendait certes pas.

Le vocable actuel de l'église lui vient du cardinal Jean Fidenza, dit Bonaventure, mort au cours du second concile œcuménique de Lyon (**1274**) et inhumé chez les Cordeliers.

Cette église était particulièrement fréquentée par les corporations et confréries qui y possédèrent jusqu'à trente chapelles. Les taverniers, entre autres, y avaient leur chapelle patronale, encore existante : c'est celle de Saint-Antoine de Padoue. Mais à côté du culte officiel des taverniers et marchands de vin, le saint recevait les hommages clandestins des sorciers, devins et tireurs de cartes.

De là sans doute le singulier usage où sont les dames lyonnaises d'aller demander à saint Antoine les grâces les plus étranges et en employant des formules quasi cabalistiques. Dans ce rituel spécial, tout se compte par treize, et je ne répondrais pas qu'il ne se trouve parfois quelque dévot faisant le signe de croix au rebours.

Par une dernière pratique des anciens usages, l'assemblée des notables pour les élections des députés aux Etats-Généraux eut lieu dans l'église des Cordeliers, le 14 mars 1789.

LE LYON QUI S'EN VA

C'en est fait depuis longtemps du Lyon des Romains. A peine en reste-t-il quelques traces, et pour le faire revivre, il faut la science de l'archéologue et l'imagination du poète. Moins atteinte, la ville des archevêques s'est à peu près renouvelée aux seizième et dix-septième siècles ; mais elle a gardé une partie de son caractère originel, et nous pouvons la restituer sans trop d'efforts : c'est ainsi qu'au théâtre, l'illusion, à défaut de la vérité exacte, se contente d'une mise en scène archaïque.

Bien que menacés par les plans des ingénieurs et des projets de réfection, les quartiers de l'ouest sont encore debout pour longtemps, tandis que le Lyon des bourgeois, le Lyon des générations qui nous ont plus immédiatement précédés, est en train de disparaître. Non-seulement les constructions tombent d'année en année : les voies aussi se transforment et se déplacent, et bientôt des cartes spéciales seront nécessaires pour reconnaître le gisement des anciennes rues.

C'est dans ce « Lyon qui s'en va » que nous allons nous engager. Nous en trouverons, de ci de là, de notables fragments, tout empreints encore de la vie de nos prédécesseurs, tout vibrants de l'écho de leur voix.

La rue Mercière en est le type par excellence. Un certain nombre de ses maisons, sur la rangée qui regarde le couchant, ont bien été remplacées par des constructions modernes; mais elle a pour elle de n'avoir été sensiblement élargie en aucune de ses parties, de conserver son ancien tracé qu'elle tenait de la voie romaine longeant la rive gauche de la Saône, et de n'avoir subi d'autre coupure que celle de la rue Grenette au quai.

Seule des rues du centre, avec la rue Grôlée, elle donne encore l'idée de la cité marchande, où l'on cheminait par d'interminables rues, comme au fond des tranchées d'une immense fourmilière qu'aurait découverte le pied d'un géant. Le jour filtrait d'en haut, si rare et si tenu qu'il en tombait tout juste un peu sur la chaussée, sans qu'il en rejaillît goutte à l'intérieur des boutiques.

On y vend toujours quelques-uns des multiples articles auxquels elle doit son nom de rue

« mercière » ou marchande par excellence. C'était, il y a trente ans, le quartier général des libraires, des fabricants bijoutiers, des quincailliers, des marchands d'indienne ou de chapeaux de paille, des modistes et de ces négociants qui ont spécialement retenu le nom de merciers. Le passant y était accosté — en tout bien, tout honneur — par de jeunes et accortes personnes qui faisaient meilleure figure dans cet emploi que les grands dadais de commis postés à la porte de nos magasins actuels.

Mais, tout en conservant sa physionomie, la rue Mercière a perdu un de ses attributs, essentiellement lyonnais : le pavé pointu. Pour lyonnais que je sois, je n'irai pas jusqu'à pleurer sur cette perte. Il est deux choses auxquelles j'ai été pourtant élevé, comme tous ceux de ma génération : le pavé pointu et le pain rassis ; mais j'avoue nettement n'avoir gardé le culte ni de l'un ni de l'autre.

Il fallait certes que la vie de nos aïeux fût moins ambulante que la nôtre, pour qu'ils résistassent au contact aigu de ces cailloux où le pied s'assure mal et menace sans cesse de tourner. Quant à nos aïeules, elles en étaient réduites à longer les cadettes et à se chausser comme au temps des carlovingiens.

Car il n'est que justice de mettre fin au malencontreux renom qu'on a fait au pied des lyonnaises. Comme toutes les légendes, celle-ci repose sur quelque vraisemblance, mais on l'a sûrement exagérée. La faute en est pour beaucoup aux souliers de nos grands-mères — elles ne connaissaient guère d'autre chaussure — qui largement assis et d'une épaisseur à toute épreuve, se tordant et béant à chaque fois qu'il portait à faux, n'était point fait pour donner l'idée d'un pied de nymphe — si tant est que les nymphes eussent le pied petit.

A la vérité, cette gymnastique continue et la pression partielle que subissaient les extrémités toujours contractées devaient développer le pied, non précisément en largeur, moins encore en longueur, mais plutôt en épaisseur. C'est-à-dire que le pied d'une lyonnaise, au lieu de s'effiler comme un biscuit à la cuillère, se bombait comme une mignonne brioche ou un petit pain de gruau.

J'ai parcouru la France en tous sens, et l'on m'accorde — est-ce un éloge ? est-ce une critique ? — d'être observateur. Eh bien, j'affirme qu'il est nombre de villes où — sans avoir l'excuse d'être les héritières de vingt générations pour qui le chemin de la vie a été pavé de cailloux pointus — les dames possèdent des bases d'une dimension à consoler nos compatriotes les plus avantageusement douées. Au demeurant, s'il se produit encore quelques cas d'atavisme, ces pieds d'un autre âge font partie du Lyon qui s'en va — et que ni vous ni moi ne regretterons.

***

Comme la rue Mercière, il est quelques rues qui avaient -- qui ont même conservé leur population spéciale : rue de l'Enfant qui pisse, les droguistes aux enseignes apocalyptiques ; rue Longue, du Bât-d'argent et des Trois-Carreaux, les toiliers et les drapiers, dont les commis, je ne sais pourquoi, le plus souvent assis sur les bancs placés dans l'embrasure de la porte d'entrée, ont plutôt l'air de chercher les rimes d'un sonnet que de se préoccuper de l'aunage des marchandises ; rue Grenette, les tourneurs, dont le négoce embrasse tous les bois ouvrés dans le Jura, depuis la cuiller à ragoût jusqu'aux personnages classiques du répertoire de Guignol; rues de l'Aumône et des Quatre-Chapeaux, les raffineurs de fromages et les friteurs en renom ; rue Tupin, les marchands de cardes et de laines filées ; rue de l'Hôpital, les confectionneurs de sarraus et de vêtements d'artisans.

Cette dernière rue était, après la rue Mercière, la principale artère de communication entre Bellecour et les Terreaux. Du moins, c'étaient les voies connues, celles que suivaient les voitures, peu nombreuses jadis, les étrangers et les acheteurs. Pour les Lyonnais et les gens affairés, ils prenaient par des passages, des cours et des allées de traverses, et il fallait être bien peu avisé pour ne point aller d'un bout de la ville à l'autre par ces chemins dérobés.

Les flâneurs avaient la rue Saint-Côme et les quais de la Saône. A Saint-Côme — « le rognon de Lyon » comme j'ai entendu qualifier ce quartier — étaient dévolus les magasins de nouveautés; quai Villeroy, c'étaient les orfèvres et joailliers. Encore quelques années, et il ne restera plus grand chose de ces affectations traditionnelles. Il est même des professions qui tendent à disparaître.

J'ai nommé les friteurs. A peine en retrouvons-nous dans les coins oubliés, de ces industriels d'outremont, cumulant l'art de poser les vitres avec celui de frire le poisson, la pomme de terre, les escargots et les « bugnes ». C'est une corporation qu'on ne voyait guère qu'à Lyon. Faisant l'intérim des charcutiers, les vendredis et les jours de carême, ils avaient un rôle presque officiel quand arrivait le dimanche des Brandons ou des Bugnes.

Par privilège immémorial, le carnaval à Lyon se prolongeait jusqu'au premier dimanche de carême. Ce jour-là, les voitures de masques se pavoisaient de branches de buis et de pins — de feuillées, comme disaient nos pères — et on accrochait, pareilles à des bananes d'or, les bugnes dans les rameaux verts.

PLACE DES CORDELIERS.

Si vous voulez avoir un arrière-goût de ces fêtes disparues, allez, pour cet anniversaire, rue Saint-Jean ou chez le dernier friteur de « l'ancienne rue de l'Aumône. » Un fumet de bon aloi vous avertit que la bassine est en ébullition ; une queue d'acheteur attend, qui debout, qui assis, et à mesure que la pâte, après un grésillement harmonieux, a pris une belle teinte dorée, les bugnes sont retirées délicatement, enfilées comme autant de couronnes triomphales à une baguette d'où elles s'égouttent, et livrées, fumantes encore, aux fidèles observateurs des coutumes séculaires.

Je ne dirai pas que c'est un manger digne des dieux ; mais il n'est pas mauvais, au moins une fois l'an, de vivre de la vie de ses ancêtres. Moyennant que vous les arrosiez, en quantité suffisante, d'un vin vieux à point, les bugnes vous feront un honnête souper de famille. Pour nos anciens, ce n'était qu'une entrée en matière, un hors-d'œuvre, moins coûteux que les huîtres et surtout plus consistant. Une platée de bugnes n'excluait point l'oie farcie avec les derniers marrons de la saison.

Oh ! leur faculté digestive, c'était une des forces de nos pères ! D'elle, ils tenaient cette verve et cet entrain qui ne les abandonnaient pas, même aux jours les plus désastreux et dans les conditions les plus dures. Nous, impatients dans l'action, fiévreux dans nos joies, affolés dans nos revers nous mangeons peu et digérons mal. Nous ne savons même plus dormir, reculant notre sommeil au-delà de ces heures matinales où toutes les voix de mère Nature invitent, au contraire, au réveil et au mouvement.

Au nombre des choses dont on s'est régalé jadis et qu'il est permis de ne point regretter, nous mettrons les « cènes bénites » et les « recuites ».

Les premières, dont il se débite encore quelques douzaines pour le Jeudi-Saint, sont une patisserie au safran dont la tradition remonte au moins aux croisades. Le safran fut un condiment cher au moyen âge, qu'on prodiguait à toute sauce et que les Marseillais emploient toujours dans la confection de la bouillabaise.

Pour la jeune génération, je dirai que la recuite est du lait aromatisé et caillé d'une certaine façon. S'il existe encore des faiseurs — ou plutôt des faiseuses — de cette friandise démodée, je serais fort empêché d'en indiquer l'adresse. La dernière, à ma connaissance, des marchandes de recuites descendait, deux fois la semaine, des hauteurs de Sainte-Foy, et elle était d'un âge qui permet de supposer qu'elle a cessé de fouler les chemins d'ici-bas.

Un personnage du vieux Lyon, dont je me reproche de n'avoir point encore parlé et qui mérite une mention hors ligne, c'est le « gone » lyonnais. Vous rencontrez de graves petits hommes se rendant à l'école ou de précoces gredins qu'attend l'audience des flagrants délits, mais le gone a disparu.

Qu'il était crâne, avec sa figure d'éphèbe romain, sous la calotte de drap rouge rayé de noir ! Narquois, et pourtant convaincu et bon enfant, frondeur, mais filant doux devant l'autorité, de quelque forme qu'elle fût revêtue, le gone promenait dans nos rues ses gaités d'oiseau.

Vêtu de la blouse en toute saison, du pantalon de coutil l'été, de velours l'hiver, il allait en classe avec le cartable en bandoulière et son goûter à la main, faisant, de la Toussaint à Pâques, claqueter ses sabots dont l'un, généralement fêlé, sonnait à la tierce de l'autre.

A la sortie, le gone installait ses jeux partout où la chaussée lui laissait un peu de place ; si la rue était trop inhospitalière, les allées de traverse devenaient une précieuse ressource. Ce n'était pas, j'en demeure d'accord, tout rose pour les passants, lorsqu'une bande organisait, par exemple, une partie de « quinet » ou en temps de gelée, traçait une « glissière ».

Des moralistes pouvaient aussi trouver à reprendre, quand le gone, sous un beau soleil, prenait *in naturalibus* ses ébats en pleine eau. Mais il rachetait cette petite négligence dans la forme par mille qualités de fond, aujourd'hui perdues, et lorsqu'il piquait hardiment sa tête du haut d'un pont, du diable si l'œil du spectateur s'attardait aux détails de tenue et de pure étiquette !

Nous croyons avoir fait beaucoup pour les mœurs, en imposant un caleçon aux baigneurs et en leur interdisant les bas-ports, et nous laissons des images autrement révoltantes pour la conscience publique s'étaler au-devant des vitrines et à tous les coins de rue – où il est pourtant défendu de « déposer des ordures ».

Le gone était un type à part, comme le furent les gens et les choses de Lyon. De nos jours, tout tend à se niveler et à se ressembler, et ce ne sera bientôt plus la peine de voyager pour retrouver partout la même rue tirée au cordeau, avec les mêmes maisons et les mêmes lanternes à gaz, arpentée par le même sergent de ville. Notre époque a un faible pour l'uniformité qu'elle confond trop facilement avec l'égalité.

En dépit de ce courant que l'on subit ici comme ailleurs, le Lyonnais est resté par tempérament, très particulariste. S'il s'agrège volontiers à toute espèce d'association, c'est en se réservant de varier le mot du philosophe : « L'amour n'est que de l'égoïsme à deux. — L'association, dit le Lyonnais, c'est de l'individualisme à plusieurs ».

Dans le gone, on trouvait tout le germe du Lyonnais futur. Les enfants de chaque quartier se groupaient; il y avait des rivalités d'école à école, et en temps d'hostilités ouvertes, il ne faisait pas bon pour l'écolier de s'aventurer en dehors des frontières natales. Lorsque ces batteries avaient lieu, les bonnes gens prétendaient que c'était un présage de révolution ou de guerre.

Bien différent du gamin parisien, foncièrement gouailleur et irrévérencieux, notre gone était, je l'ai dit, seulement narquois et frondeur. Malgré ses instincts batailleurs, il n'a jamais joué un rôle dans les insurrections et les mouvements populaires. Son ambition n'allait pas au-delà de tenir une place dans les joûtes, autrefois si fréquentes, sur la Saône, et de défiler aux accords enlevants des orchestres riches en cuivres, la veste blanche au dos et l'aviron doré à la main.

Resterait à rechercher l'origine de notre appellation « gone » et à déterminer le sens du mot. Gone, dans le vieux français, signifie une robe, un « enfilé » comme disent les couturières dans leur jargon professionnel. Il n'y a donc rien d'invraisemblable à ce qu'on ait dit : « un gone » pour un garçon en robe : c'est un trope de même nature que : « un vapeur, un piston », pour un bateau à vapeur, un cornet à piston.

Familièrement, on appelle encore moutards de grands jeunes gens, et il ne faut, du reste, pas oublier que jadis les garçons gardaient la robe jusqu'à l'âge de la pleine adolescence. Les élèves de *Christ Collège*, à Londres, portent encore une robe bleue qui leur descend à mi-jambe et qui n'est autre que le vêtement du quinzième siècle, époque où le collège fut fondé. Les Anglais ont, au surplus, conservé le vieux mot français qui se retrouve dans *gown*.

Nous disons toujours, entre Lyonnais, d'un individu négligé dans sa mise : « Il est mal goné. » Et c'est ici le lieu de s'expliquer sur certaines locutions locales dont nos compatriotes et particulièrement les Parisiens nous raillent. Il est de ces locutions qui sont condamnées par la bonne langue, par exemple, quand nous disons : « éclairer le feu » pour allumer le feu. Mais qui donc est fautif, lorsqu'il s'agit de mots ayant droit de cité dans la langue et que nous avons conservés, tandis que les Parisiens les laissaient tomber en désuétude ?

Ainsi, notre « marchand de pattes » — encore un type qui s'en va — porte un nom correct et ceux qui en doutent n'ont qu'à ouvrir Littré, page 1.012, colonne 2. Le mot chiffonnier, d'ailleurs, a une autre acception et ne peut en aucune façon désigner ce négociant ambulant, qui fait résonner les échos de nos cours de son appel bien connu et qui paye pour débarrasser nos ménagères d'une foule de choses qu'il faut jeter ailleurs.

Je ne voudrais pas, toutefois, qu'on me croie, de parti-pris, admirateur du passé. J'ai déjà donné mon sentiment sur le pavé pointu et sur ce pain rassis qu'on taillait naguère dans d'immenses disques, de six à huit livres pesant, dont toute bonne maison devait avoir au moins un d'avance. Nos boulangers font leurs pains plus petits ; mais c'est le seul progrès réalisé par cette industrie, où, à part exception, tout est resté dans un véritable état de barbarie, et où la « miche à fesse » est trop souvent encore regardée comme le nec plus ultrà de l'art.

Je ne me ferai pas davantage le défenseur de l'ancienne coutume, en vertu de laquelle chacune des allées de nos maisons offrait aux passants cet abri hospitalier qu'ils trouvent maintenant dans des kiosques plus ou moins lumineux. Il s'est pourtant trouvé un médecin pour affirmer que c'est à cet usage que notre ville a dû jadis d'être indemne du choléra. On n'est vraiment pas plus Lyonnais que ce bon docteur !

Ce qui pourrait expliquer comment cette habitude s'était établie, c'est qu'autrefois le très grand nombre des cabarets était installé dans des cours. Au sortir de ces établissements, les consommateurs avaient bien quelque droit de réclamer le bénéfice des circonstances atténuantes.

* * *

Il en reste peu de ces obscurs bouchons, fréquentés par les anciens Lyonnais et aimés de Rabelais, qui avait accoutumé d'aller boire sa pinte et faire ses joyeux devis au cabaret du *Charbon blanc;* la rue de ce nom était, si je ne me trompe, quelque part entre la rue Grenette et la rue Tupin. Tous se ressemblaient. On se glissait, par une allée noire, au fond d'une cour où la « purée septembrale » vous était servie par les mains de la patronne du lieu, sur une table de noyer ciré; le réduit était plein d'ombre et de fraîcheur, pendant la canicule; l'hiver, le poêle mêlait son ronflement au babil des habitués.

C'est là que se boivent les dernières bouteilles de petit beaujolais. Car ce n'est pas une des choses les moins étonnantes de notre temps qu'en plein pays français, on ait honte de se faire servir du vin. Certes, je ne suis pas buveur. Mais, autant j'incline à l'indulgence pour les belles lampées de nos pères, autant je me sens écœuré par ces flots d'eau trouble qui s'absorbent dans nos modernes brasseries et ces innombrables verres d'alcool diversement coloré, qui se débitent sur nos comptoirs.

Il existait aussi des cafés célèbres en leur temps c'était le café Neptune sur l'arche de la Mort-qui-trompe, au Pont de pierre; le café Sainte-Anne et celui du Nord, rue Lafond; le café Grand, place Tholozan, et le café de la Perle, quai du Rhône. Ils ont disparu et bien d'autres fondés depuis : car cafés et cabarets ont une tendance à s'effacer devant les brasseries et les comptoirs.

Seuls, le café des Tilleuls, à Bellecour, et quelques-uns des établissements créés par des Italiens ont survécu. Ces derniers cafés n'étaient, d'abord, que de modestes boutiques où l'on préparait et vendait du chocolat, en tablettes et en tasses. Le café au lait était concurremment admis, et, tout négociant ayant alors l'habitude du dîner de deux heures, il y avait foule, durant la matinée. Mais se faire servir un déjeuner au café était le luxe des patrons seuls; l'employé, sans sortir du magasin, grignotait à sec la petite miche que lui octroyait l'usage.

Dans l'après-midi, ces établissements perdaient de leur animation. Quelques habitués venaient prendre leur café et lire un des rares journaux de l'époque, la *Gazette,* le *Courrier de Lyon,* le *Censeur*, pendant qu'en un coin de la salle, le patron cassait lui-même le sucre du lendemain, avec la gravité que comporte une telle opération. Tailler proprement cent vingt-cinq morceaux égaux dans une livre de sucre n'est pas affaire de peu.

Le soir, il se buvait quelques cruches de bière; mais à dix heures, couvre-feu général. Il fallait, du reste, que le personnel fût sur pied entre six et sept heures, le lendemain matin. Nos cafés lyonnais ont gardé cette ancienne coutume d'avoir un service extra matinal.

Point de luxe insolent dans ces maisons qui avaient un caractère presque utilitaire, et dont le café Camès, quai Saint-Antoine, et « l'ancien Casati », rues Mulet et du Bât-d'Argent, ont gardé une partie de la physionomie première. Les habitués, auteurs des grandes fortunes que nous voyons à Lyon et qui mettaient bravement en poche le reste de leur sucre, n'eussent pas souffert un déploiement de luxe choquant.

Isaac Casati, comme la plupart de ses anciens clients, n'en a pas moins fait souche de millionnaires. Devenir millionnaire pourrait bien hélas! être aussi une des choses du Lyon qui s'en va.

Parler des vieux cabarets et des vieux cafés lyonnais, c'est évoquer dans l'esprit de son interlocuteur le tableau des parterres où Guignol tient encore ses assises et celui des anciens cafés chantants.

Traversons donc ce qui reste des noirs quartiers du centre, où quelques percées ont, depuis trente ans, introduit un peu de lumière. Aussi bien n'avons-nous pas encore accordé un mot à ce qui regarde leur architecture et aux souvenirs historiques qui se rattachent à quelques rues.

Les maisons du quinzième siècle et au-delà sont moins abondantes que sur la rive droite; c'est l'époque de Louis XIII qui a laissé ici les plus belles constructions. Dans les anciens logis, l'escalier à noyau déroule sa spirale depuis le pavé de l'allée jusqu'au faîte du bâtiment; une corde

et parfois une chaîne permettent à la main d'aider l'action du pied à la montée et de conjurer une chute à la descente. Assez souvent, sur un des côtés de la petite cour, une galerie conduit de l'appartement aux communs.

Plus tard, les maisons furent dotées de ces escaliers à deux rampes droites par étages, qui sont restés un des caractères de la construction lyonnaise jusqu'à ces dernières années. Mais les rez-de-chaussée étaient toujours voûtés à l'italienne, et l'usage ne s'en est perdu qu'au siècle dernier.

La rue Grenette offre encore, dans sa partie ancienne, des types de ces différentes habitations, quoique les plus intéressants spécimens de la période du seizième siècle soient tombés, avec la maison du *Cheval* et celle de la *Grille*. Une tradition veut que cette grille ait servi à l'exposition publique des négociants faillis, coiffés du bonnet vert.

Il doit y avoir bel âge de cela! Car aujourd'hui l'on a des procédés plus bénins, et, pour peu que le failli donne vingt pour cent, c'est à qui de ses créanciers lui offrira un nouveau crédit. — Et puis, toute réflexion faite, si nous revenions au vieil usage, il faudrait mettre des grilles depuis le quai Saint-Antoine jusqu'au quai de l'Hôpital.

Une des plus singulières industries dont j'ai souvenance et dont le gérant n'a pas dû donner vingt pour cent à ses créanciers, s'était installée dans la partie neuve de la rue Grenette, qui va de la rue Mercière au quai. On vendait là des « suaires religieux, vêtements permettant de se présenter convenablement dans l'autre monde »; on débitait aussi, sous le nom de « santé de l'âme et du corps », des rosaires galvano-électriques. Le tout, dûment breveté, dura ce que durent maints brevets : l'espace d'un terme.

**

Nos aïeux excellaient à faire beaucoup de choses avec peu de place. Sous Charles VIII et Louis XII, les tournois se donnaient rue Grenette, et Menestrier assure que les rues Tupin et Tupin-Rompu doivent leur nom à la coutume qu'avaient les écuyers et les valets des chevaliers d'aller s'y exercer à casser le pot.

Puisque nous voilà revenus dans le voisinage de la rue du Palais-Grillet, il faut noter les quelques marchands de meubles qui s'y trouvent. Bien qu'ils aient en partie renié les traditions de leurs ancêtres et qu'ils semblent s'attacher à la vente de mobiliers modernes, ils n'en sont pas moins les héritiers des « revendeurs de gages » du Puits-Pelu, de la place Grenouille et de la rue Bonnevaux.

Cette industrie fleurit encore rue du Bœuf et cours de la Liberté ; elle n'est pas près de s'éteindre, car le Lyonnais est friand de marchandises d'occasion. Ce n'est pas qu'il soit ladre; non, il est simplement pratique. Ainsi, l'idéal du Parisien, c'est d'acheter pour cent francs un objet qui en représente deux cents. Le Lyonnais, lui, rêve toujours d'avoir pour cent francs un objet qui en vaut réellement deux cents, et qu'il s'agisse de diamants, de meubles, ou même de propriétés, c'est une bonne occasion qu'il poursuit sans cesse. Aussi les marchands ne se font pas faute d'en improviser.

C'est dans la rue Tupin, près de l'endroit où la rue du Palais-Grillet la coupe à angle droit, qu'était autrefois l'hôtel Bayard. Il avait, assure-t-on, pris ce nom en mémoire du séjour qu'y fit le jeune Dauphinois qui devait être plus tard le chevalier sans peur et sans reproche. Alors simple écuyer, ce serait donc en cette hôtellerie que le jeune Bayard aurait été logé avec son ami Bellabre, lors de leur belle équipée qui a défrayé les chroniques du temps et trop connue pour que nous nous arrêtions à la conter par le menu.

Tout à l'autre bout de la rue Tupin, nous nous retrouvons en pleine rue Mercière. Saluons la maison de l'*Ange*, qu'habitait Guillaume Rouville, une des illustrations de l'imprimerie lyonnaise, au siècle des Sébastien Gryphe, des Étienne Dolet, des Horace Cardon, des Jean de Tournes. Ce dernier fut le chef d'une dynastie de typographes qui s'est perpétuée à Lyon jusqu'en 1779.

La maison sise à l'angle des rues Mercière et du Petit-David est un des beaux spécimens de l'époque de transition entre le moyen âge et la Renaissance. Elle fut élevée par un bourgeois lyonnais, Hugues de la Porte, sieur de Bertha, sur un tènement dénommé auparavant « la cave d'Ainay ».

Exposé au nord et à l'est, l'endroit était des plus propices à la conservation des vins, et les religieux y avaient aménagé un cellier remarquable. La dureté des temps, en 1542, obligea l'abbé à se défaire de cette dépendance ; mais ce ne fut pas, paraît-il, sans qu'il rencontrât de vives résistances de la part des religieux. Le terrain et les constructions qui le recouvraient furent vendus 1.500 livres tournois. Il est à remarquer que le sol du rez-de-chaussée est resté sensiblement plus élevé que celui des maisons voisines.

* *

La rue du Petit-David longe l'ancienne église des Antonins, transformée en une salle de spectacle, d'une affectation intermittente. Les religieux de Saint-Antoine, fidèles à la tradition qui donne à leur patron un compagnon de l'ordre des pachydermes, entretenaient un troupeau de ces animaux dont on ne dit guère du bien qu'après leur mort. Ils furent longtemps en possession du privilège de les laisser vaguer par la ville. C'était moins gracieux que les bandes de pigeons qui s'ébattent à présent sur nos quais et se promènent en picorant ; mais, comme service de voirie, les anciens pensionnaires des Antonins devaient être des agents autrement actifs.

De l'hôtel de la Monnaie, établi dans la rue de ce nom, on communiquait, avant l'ouverture de la rue de la Préfecture, avec le bureau de garantie rue Écorche-Bœuf, et avec l'Argue qui occupait l'ancienne chapelle des Templiers et avait son entrée rue de Savoie.

C'était le triomphe des allées de traverse ; on allait à couvert, de Bellecour aux Terreaux, par ces passages familiers. Une voie de ce genre, transformée plus récemment en un passage « à l'instar de Paris », venait sans solution de continuité, de la grande rue de l'Hôpital, aboutir rue Mercière, vers cet ensemble d'établissements que le populaire désignait sous le nom collectif d'Argue.

Mais c'est de l'histoire un peu ancienne. La Monnaie fut transférée en 1829, dans l'hôtel de Villeroy, aujourd'hui affecté à l'École de commerce. Cet hôtel était la propriété de M. Vingtrinier, père de notre excellent bibliothécaire, et de M. Bonnet, qui offrirent à la ville de faire un échange. L'opération eut lieu et la rue de la Préfecture fut ouverte dans le massif où était installée l'ancienne Monnaie.

L'Argue proprement dite était un atelier où se préparaient et s'étiraient, sous le contrôle de l'administration, les lingots destinés à la passementerie et au tissage des étoffes d'or et d'argent. D'anciens réglements, aujourd'hui tombés en désuétude, imposaient aux fabricants lyonnais l'usage exculsif des matières livrées par l'Argue. Il y avait là une garantie de titre qui recommandait, dans le monde entier, les produits de notre industrie.

On a beaucoup discuté sur l'étymologie de ce mot : « argue ». Les uns ont pensé que les Lyonnais l'avaient tiré du mot latin *argutus*, mince, délié, comme indiquant l'opération qui s'y faisait. D'autres y ont vu un rapport avec le grec *arguros*, argent. C'était aller chercher midi à quatorze heures; ce mot est du bel et bon français, de même que cadette, miche et tant d'autres qu'on s'osbtine à regarder comme propres au lyonnais. Argue est un mot technique, désignant la partie du banc à tirer qui retient la filière. On a dit, par extension : l'argue, comme on dit : la presse.

*
* *

Passage de l'Argue et rue Ecorche-Bœuf se trouvent deux de nos théâtres Guignol, non pas les premiers en date de fondation, car celui du caveau des Célestins est le plus ancien.

Les marionnettes avaient été apportées à Lyon par les Italiens, mais le personnage de Guignol est la création de Laurent Mourguet qui, à la fin du siècle dernier, imagina ce type du canut lyonnais. Un de nos compatriotes, que je ne nommerai pas, puisqu'il n'a pas voulu se nommer lui-même, a consacré deux volumes à la gloire du héros. Voici comment il définit le personnage de Guignol :

« Bon cœur, assez enclin à la bamboche, n'ayant pas trop de scrupules, mais toujours prêt à rendre service aux amis ; ignorant, mais fin et de bon sens ; qui ne s'étonne pas facilement ; qu'on dupe sans beaucoup d'efforts en flattant ses penchants, mais qui parvient presque toujours à se tirer d'affaire. » Guignol, en un mot, est le type du gone qui a traversé la vie sans vieillir.

Depuis quelques années, il y a une tendance à délaisser le répertoire classique, et les parodies d'opéras en vogue paraissent être surtout goûtées. Je ne chicanerai là-dessus, ni les impresarios, ni le public, mais ce genre me paraît tout uniment l'avant-coureur d'une décadence.

Néanmoins, il est encore de bonnes heures à passer pour l'amateur, et à condition que vous ne craigniez ni le manque de place, ni le manque d'air, ni la fumée, ni les mots gras et un peu salés, vous pouvez vous désopiler la rate de la belle façon, en allant y prendre une tasse de café dont votre sommeil n'aura rien à craindre.

Nous ne pouvons quitter Guignol sans donner un souvenir à des personnages de la même famille, qui ont fait nos délices d'enfants dans un tout autre répertoire, et manœuvrés par d'autres procédés : je veux parler des poupées de la crèche. D'autant mieux que ce sont elles qui remplacèrent les marionnettes de Mourguet, dans le premier théâtre qu'il avait ouvert rue Noire.

Mais l'institution est des plus anciennes, comme l'atteste le répertoire obligé de ce genre de spectacle, où la représentation de la Crèche de l'enfant Jésus tient la première place. Il y a là une filiation directe avec les anciens mystères.

Deux des personnages traditionnels sont le père et la mère Coquard, vieux bourgeois lyonnais, qui, munis d'une lanterne, se rendent à la crèche, puis chantant un couplet où il est question des brouillards, exhortent les enfants à être bien sages afin que les parents les ramènent « le jeudi et le dimanche. »

Plusieurs théâtres de ce genre existaient à Lyon ; il n'en reste plus qu'un, rue Sainte-Marie-des-Terreaux. Quand j'étais enfant, j'y ai vu *Barbe-Bleue*, *Jeanne Darc*, *La grâce de Dieu* et le *Retour des cendres de l'Empereur*. Les poupées m'apparaissaient comme de minuscules personnes en chair et en os, et, pour un peu, je les eusse embrassées pour les remercier du plaisir. On y allait encore à l'âge de douze ans passés, avec moins d'illusion, mais non sans bonheur.

Maintenant, les petits de trois ans à peine se disent : « Regarde donc la ficelle qui fait bouger le bras ! »

<center>
* *</center>*

Je craindrais d'être accusé d'irrévérence, en disant que la préfecture fait partie du Lyon qui s'en va ; pour sûr, elle fait partie du Lyon qui émigre.

Il n'y a pas un siècle que les préfets ont remplacé les gouverneurs du Lyonnais : ils en sont à leur troisième logement, et encore ont-ils reçu congé dédit, bien et dûment signifié. Installés, en qualité de préfets du département de Rhône-et-Loire, à l'hôtel de Varissan, rue Boissac, ils sont venus, préfets du Rhône seulement, dans l'ancien couvent des Jacobins ; puis préfets-maires, à l'hôtel de ville, et les voilà, qui redescendus simples préfets comme devant, vont passer le Rhône et s'établir « sur le terrain des hospices » comme de vulgaires fabricants de produits chimiques.

En quittant la place des Jacobins, ils ont dû jeter un sort sur le quartier. On y avait élevé une fontaine, laquelle, au cours de la construction, à changé une fois ou deux d'alignement ; à la parfin, on l'a emportée à Perrache. Nous en avons maintenant une autre que chaque habitant de la place voudrait encore pouvoir pousser un peu, qui à gauche, qui à droite. Quand à la naïade appelée à y fixer ses pénates, bien fin qui en dira le nom.

Car, lorsque vous et moi appelons ce monument une fontaine, c'est une façon d'être aimables envers notre ami André, auteur de ce petit chef-d'œuvre. Mais il n'y a pas plus d'eau qu'à la fontaine du Chemin-Neuf ou à celle de Saint-Just(1). Et dire que dix-sept projets se disputent l'honneur de déverser au choix l'Ain, le Rhône ou la Loire dans nos rues !

Donner de l'eau, c'est pourtant la raison de toute fontaine en général et de celle-ci en particulier. Vous n'ignorez pas, en effet, que la construction du petit édicule de la place des Jacobins est la conséquence d'un legs fait à la ville avec affectation spéciale.

Il existait autrefois, sur l'ancienne place triangulaire, une de ces pompes à long balancier, dont le jeu avait quelque chose de la lente majesté des antiques norias. Un habitant de la place, que sa santé retenait constamment dans sa chambre, agacé, toute sa vie durant, par le grincement monotone de l'engin et voulant épargner ce supplice aux générations futures, laissa une somme, sous la condition expresse que la pompe à balancier serait remplacée par une fontaine fluente. La moitié de ses intentions a été remplie; la pompe a disparu, mais on attend encore le filet d'eau qui doit alimenter le seau des ménagères du quartier.

Au couvent des Jacobins se rattachaient plusieurs souvenirs historiques. En 1316, le conclave s'y réunit pour donner un successeur à Clément V,

(1) Ceci était écrit au commencement de 1885.

Depuis deux ans et demi, les cardinaux assemblés à Carpentras n'avaient pu se mettre d'accord pour cette élection, et les mêmes hésitations menaçaient de se renouveler à Lyon. Mais Philippe, le frère de Louis le Hutin, les enferma sous clef et fit griller les fenêtres. Au bout de quarante jours, les cardinaux convinrent de s'en remettre à la décision de l'un d'eux, le cardinal d'Ossat. Ainsi investi de pleins pouvoirs, d'Ossat vota simplement pour lui-même : « *Ego sum papa,* dit-il, je suis pape », et c'est ainsi qu'il fut élu et couronné sous le nom de Jean XXII.

Est-ce que certains membres de nos comités électoraux n'ont point hérité un peu de ces traditions ? Et ne les voit-on pas brasser consciencieusement la matière électorale pendant une année ou deux et préparer la candidature forcée, à seule fin de pouvoir dire, à un moment donné : « Et maintenant, c'est moi qui suis candidat ! »

Trente ans après l'élection de Jean XXII, le 16 juillet 1349, le dauphin de Viennois, Humbert II, revêtit à Lyon l'habit des frères Prêcheurs. Il venait de céder solennellement ses états à Charles de France. Ce prince prit le titre de Dauphin qu'ont porté tous les fils aînés de l'ancienne monarchie. Monté sur le trône en 1364, il est — soit dit par parenthèse — le seul roi de France qui ait mérité le surnom de « Sage ».

C'est aux Jacobins que furent enterrés Jacques

de Bourbon et son fils Pierre, tués à la bataille de Brignais (13 avril 1362). Un grand nombre de familles lyonnaises avaient leur sépulture dans l'église du couvent : les Gadagne, les d'Albon, les Capponi, les Orlandini, les Strozzi, les Rubys. Le tableau de Salviati, l'*Incrédulité de saint Thomas*, que l'on voit au Louvre, était dans la chapelle des Gadagne.

Il est regrettable que cette église ait été démolie, mais on a constaté que la Restauration avait plus abattu d'églises que la Révolution même. La perte est d'autant plus fâcheuse que l'endroit était indiqué pour être le centre d'une paroisse. Le préfet Vaïsse voulut y rebâtir une église, dont la création aurait permis la suppression de Saint-Pierre. Mais les fabriciens de Saint-Nizier et de Saint-Pierre, bien loin de se prêter à une entente, faillirent se prendre aux cheveux. — En disant : « aux cheveux », je suis on ne peut plus gracieux pour ces messieurs, et vous m'accuserez peut-être de flagornerie et d'exagération.

* *

La rue Saint-Dominique fut ouverte par le baron des Adrets. Le couvent des Jacobins avait une entrée par un passage pratiqué dans la maison qui porte le numéro 1, et qui appartenait à la communauté des fabricants d'étoffes d'or, d'argent et de soie. Une inscription rappelle encore aux passants le souvenir de l'illustre corporation qu'on appelait, par excellence, « la Grande Fabrique. »

Ne perdons pas de vue que nous allons aux Célestins. Mais, au risque de faire notre entrée par le moins beau côté, prenons par la rue Écorche-Bœuf, afin de revoir un peu ce quai de la Saône dont nous avons à peine parlé.

Il coule tant d'eau dans leurs deux rivières, que les Lyonnais se croient excusables d'avoir des fontaines sans eau; de même, ils ont longtemps pensé être, de par la hauteur de leurs maisons, dispensés d'avoir de l'ombre sur leurs quais, et encore à présent, une administration prudente tond les branches des arbres au ras des troncs qui font l'effet de moignons d'amputés.

Les anciennes berges de nos rivières ne paraissent, d'ailleurs, jamais avoir été dotées d'une riche végétation, et nos modernes bas-ports n'offrent aucune de ces plantations qu'on voit à Paris, par exemple. Pierres de taille, graviers et remblais, c'est tout ce que rencontre l'œil de celui qui traverse Lyon en bateau.

Ils n'en sont pas moins fort beaux, nos quais lyonnais, et ceux de la Saône sont particulièrement typiques le matin, à l'heure du marché. Ces allées à perte de vue, foisonnant de fruits et de verdures, cette cohue de ménagères allant à la provision, ces restaurants en plein vent, d'où s'échappe une buée engageante, ces longues rangées de charrettes à l'attache, tout, jusqu'au braiement des ânes en belle humeur, inspire au promeneur matinal des idées de vie, de santé, d'aisance plantureuse.

Ah! l'âne, chanté par Pierre Dupont, voilà une institution qui s'en va! A peine voyons-nous quelques ânes venir encore à nos marchés, et dans un siècle ces animaux seront aussi rares chez nous que la girafe en Afrique.

Il me souvient avoir fait, sur les quais Saint-Antoine et des Célestins, depuis la place d'Albon jusqu'à Bellecour, une promenade que nul lyonnais ne refera plus — fort heureusement : il s'agit d'une promenade en bateau. C'était en 1854, nos deux fleuves étaient débordés, et, pour se consoler de tant de tristesses, on trouvait plaisant de circuler en bateau, à l'endroit même où passent aujourd'hui les cars de la compagnie des tramways.

**
* **

Le théâtre des Célestins a été rebâti sur l'emplacement de l'église et d'une partie du couvent des religieux de ce nom. Le monastère s'était lui-même établi en 1407, sur un ancien fonds donné par Amédée de Savoie et ayant appartenu à l'ordre des Templiers, dissous en 1311. Deux rues conservent le souvenir des premiers possesseurs et du donateur.

On raconte que Marie de Médicis, se trouvant à Lyon, alla entendre la messe aux Célestins. Ses yeux furent frappés par une chapelle superbe qui n'était autre que celle des Pazzi, famille florentine, longtemps rivale de la famille des Médicis et forcée de s'expatrier quand celle-ci se fut emparée du pouvoir. A cette vue, le vieux levain de haine italienne se réveilla chez la reine qui ordonna de mutiler l'écusson des Pazzi et d'effacer tout ce qui pouvait rappeler leur nom.

Notre salle actuelle des Célestins est certes plus belle, plus vaste, plus commode que celle qui avait été aménagée dans l'ancienne chapelle. Mais où sont les troupes d'antan ? Qui nous rendra les héros du drame, superbes et bien disants, les amoureux et les coquettes de la comédie, sachant scander les vers et faisant sonner l'*e* muet, ni peu, ni prou, mais juste ce qu'il faut pour que le rythme se sente ?

Parler de Molière serait trop osé, mais est-ce trop encore de réclamer des interprètes pour Victor Hugo, Musset et Scribe, dont les bustes sont placés sur la façade, comme pour faire les honneurs de la maison ? Tout au plus nous joue-t-on ce répertoire d'œuvres sans nom avoué et sans état civil, que leurs auteurs appellent « des pièces ».

Plus sensible encore est la déchéance des établissements qu'on qualifiait autrefois de cafés chantants et que nous appelons cafés-concerts. J'en ai connu jusqu'à trois, sur la place des Célestins : le café du Messager des Dieux, celui de Paris, et celui des Mille-Colonnes.

Une simple estrade recevait les artistes, six musiciens faisaient l'accompagnement, on y chantait les œuvres de Béranger et de Pierre Dupont, et les autres gaudrioles que le jeune homme y avait entendues étaient d'assez bonne compagnie pour qu'il pût les répéter dans un salon. Qu'a donc gagné, je ne dirai pas l'art, mais même la gaité française, depuis que d'ineptes farceurs et des chanteuses lubriques viennent déverser sur le public pâmé des panerées d'ordures !

Il est plus facile de jeter une poignée de poivre dans un mets que d'y mettre le grain de sel voulu. C'est ce manque de mesure et de tact qui me semble le défaut du temps que nous traversons.

Aussi aimé-je à faire un retour vers un passé qui nous échappe. Comme il arrive de chercher, au fonds de quelque vieux tiroir, des objets décolorés et flétris dont la seule vue ressuscite à nos yeux le grand-parent que nous n'avons point connu ou l'aïeule regrettée, ainsi j'ai essayé de retrouver avec vous, dans ces rues et ces demeures qui tombent une à une, un peu des gens et des choses du Lyon qui s'en va.

L'ANCIEN ET LE MODERNE CONFLUENT

Et d'abord, il convient de nous entendre sur l'ancien confluent. Que nos deux fleuves aient primitivement fait leur jonction un peu au-dessous de Saint-Nizier, c'est ce qui est clairement indiqué par la dépression du terrain et par d'anciennes fortifications existant entre les rues Dubois et Grenette. Mais ceci est du domaine de l'archéologie, domaine semé de chausse-trappes comme celui de la métaphysique, et je n'aurais garde de vous y fourvoyer en ma compagnie.

Il faut toutefois reconnaître que le tracé, et aussi le niveau, de la rue Mercière et de la rue Confort, indiquent nettement une première digue destinée à refouler la Saône, trop empressée à perdre son nom.

Quittons donc le champ des hypothèses et tenons-nous en au confluent du siècle dernier. Il s'effectuait un peu au delà de l'abbaye d'Ainay, vers laquelle nous nous acheminerons à petits pas, ainsi qu'il sied à des gens en visite sur leurs terres et qui se complaisent à en dénombrer les tenants et aboutissants.

C'est de Bellecour que se comptent les distances kilométriques des routes qui desservent Lyon. Le bureau central des postes y est installé et dans les plus mauvaises conditions qu'on puisse rêver. Il y a tels services juchés à l'entresol, comme on ne le tolérerait pas dans des villes de sixième classe. Cette mauvaise organisation se retrouve dans l'installation des boîtes aux lettres, mal en vue, et que l'étranger doit chercher sans toujours y réussir.

Vous verrez que nous attendrons, comme pour les tramways, que toutes les villes de France soient pourvues, avant de nous décider à créer un hôtel des Postes et Télégraphes en harmonie avec l'importance de notre ville et avec le développement des correspondances.

Autre grief. Je ne puis traverser la place Bellecour, sans me demander pourquoi notre édilité laisse à l'état de petit Sahara un lieu qui se prêterait si bien à l'établissement d'un magnifique jardin. Mieux avisés, nos aïeux y avaient mis des pelouses et des fontaines, et il n'y a pas fort longtemps qu'on distinguait sur le sol, quand le temps était humide, l'ovale des anciens bassins.

*
* *

Feu le maréchal de Castellane avait fait de Bellecour sa place d'armes ; il n'y souffrait même pas ces bandes d'asphalte, hospitalières au promeneuses, mais dangereuses aux cavaliers qui défilent au trot. Ce n'est point, jour de Dieu ! qu'il n'aimât pas les promeneuses. Friand de jolis minois, il lorgnait les dames de si près qu'il fallait bien aux lyonnaises, pour ne point lui décocher un soufflet, ce fond intarissable d'indulgence que toute femme porte en soi, à l'adresse de ceux dont l'admiration va jusqu'à l'insolence.

A Bellecour, il était comme chez lui, ce maréchal légendaire. On comprend donc, dans une certaine mesure, que la municipalité n'ait pas osé lui prendre ce qu'il regardait comme la cour de son quartier. Mais depuis ?

L'usage n'est plus de passer des revues hebdomadaires, et rien, d'ailleurs, n'oblige de procéder à ces exercices, au centre d'une grande ville. Au surplus, la désaffectation de Bellecour, au point de vue militaire, a été commencée par la suppression du poste qui ne semblait avoir d'autre utilité que de prendre les armes et de battre aux champs, à chacune des fréquentes promenades du maréchal, en grande tenue, le lorgnon à l'œil, et suivi d'une bande de gamins.

Nul général au monde n'a dû consommer plus d'uniformes complets que Castellane. Il avait, pour l'habit militaire, cet amour fanatique qu'on ne trouve d'ordinaire que dans les corps non combattants. Non pas que je veuille mettre en doute sa valeur. Mais somme toute, il est malaisé de le qualifier de stratégiste, vu qu'il n'a jamais conduit d'autre opération que le siège du fort de la Vitriolerie, ni de l'appeler brave, puiqu'il n'a jamais eu d'occasion de montrer sa bravoure.

Je connais un ancien horloger, jadis employé chez le fournisseur du maréchal. Un jour qu'il était à remonter les pendules de l'hôtel de la division, le valet de chambre l'arrête à la porte de la chambre de Castellane, lui disant que son maître garde le lit, par suite d'un peu d'indisposition. Mais le maréchal a entendu; la bonne discipline veut que les pendules soient remontées au jour dit; une fois qu'on se relâche sur le règlement, tout est perdu. D'autre part, convient-il qu'un haut commandant militaire, sénateur de l'empire, soit vu dans le simple appareil de M. Argan ?

Sa résolution est vite prise : « Faites entrer, » crie-t-il du fond de son lit. Et l'horloger stupéfait se trouve face à face avec le noble comte, assis sur son séant, son épée sur ses genoux, et son chapeau à plume blanche sur la tête.

Les excentricités de Castellane avaient été précédées, à Bellecour, par celles de « la reine des Tilleuls. » Or la maîtresse du café dont la Maison dorée a pris la place, était une de ces personnes à qui leur beauté tient lieu de vocation et à qui, d'ailleurs, on ne songe pas à demander autre chose que d'être belles.

Chaque soir, à la lueur des torches, elle parcourait donc l'espace réservé aux consommateurs, à cheval, vêtue en châtelaine de roman illustré, escortée par ses deux jeunes fils travestis en pages. Des gens très dignes de foi m'ont assuré que l'on regardait cela sans rire.

*
* *

Bellecour et un certain nombre de rues avoisinantes sont, de préférence, habités par la noblesse lyonnaise. Je sais qu'il est des esprits qui traitent sans révérence les descendants de nos échevins anoblis. Une seule chose pourrait donner raison à ces plaisanteries, c'est que nos nobles sont parfois les premiers à renier l'aïeul qui a commencé une honnête fortune à vendre des épices, du drap ou même de la vieille ferraille.

En bonne vérité, se réclamer d'une semblable origine vaut bien autant que de sortir de la cuisse d'un Jupiter de rencontre ou de se rattacher par la main gauche à une souche plus ou moins authentique. Mais il est à remarquer que l'homme est d'autant plus fier d'un privilège que la concession de ce privilège est moins justifiée.

La rue du Plat a tiré son nom du terrain sur lequel elle fut ouverte et qui portait le nom de « plat d'Ainay » par opposition au puy d'Ainay situé en face, de l'autre côté de la Saône.

La démolition de l'ancien entrepôt des douanes et de l'arsenal a permis la création de tout un quartier neuf. Le nom seul de Saint-Michel perpétue le souvenir d'un monastère de femmes qui eut son temps de célébrité. Il avait été fondé, dit-on, par Carétène, mère du roi burgonde Gondebaud, et c'est là que la princesse Clotilde, après la mort de son père Chilpéric, massacré par Gondebaud, aurait été recueillie et élevée par sa grand-mère.

S'il faut en croire certains récits que les mœurs du temps rendent assez vraisemblables, Clotilde dut à son bas âge de n'être point livrée à la brutalité des soldats, comme sa sœur aînée, et, par ainsi, de pouvoir plus tard épouser le roi frank Clovis.

Une rue voisine, la rue Sainte-Claire, rappelle un autre couvent fondé en 1617, sur l'emplacement d'un jeu de paume. En 1530, le dauphin, fils de François premier, était dans tout le feu d'une chaude partie. Il demande un verre d'eau qui lui est imédiatement apporté par le comte de Montecuculli. Pris d'un peu de malaise, le jeune prince n'en part pas moins pour Tournon, où il meurt deux jours après.

Le verre d'eau contenait-il de « la poudre d'arsigny sublimé » comme le dit l'arrêt d'accusation dressé contre l'Italien ? la mort fut-elle simplement le fait d'une boisson absorbée trop froide, par un jeune homme déjà faible et maladif ? L'histoire n'a pu résoudre la question. Ce qui demeure acquis, c'est la condamnation de Montecuculli, écartelé et décapité rue Grenette, sous l'accusation « d'être venu en France exprès et en propos d'empoisonner le roi. » Le nom de François-Dauphin a été donné à une rue, mais l'endroit choisi n'est nullement celui que semblait indiquer la tradition.

C'est au devant du monastère Sainte-Claire que fut découverte, dans la Saône, en 1766, cette jambe de cheval en bronze qu'on admire au musée de Lyon. Deux autres débris de même nature ont été trouvés, l'un sur la rive opposée, l'autre en haut de la montée Saint-Sébastien ; ce qui suppose au moins l'existence, à l'époque romaine, de trois statues équestres monumentales. Si l'on y joint la statue colossale de treize à quatorze mètres de hauteur qui devait s'élever quai Saint-Vincent et dont les fragments sont aussi au musée, on voit que le Lugdunum antique était autrement riche en monuments de ce genre que le Lyon moderne.

La rue de Jarente est une vérirable mine de mosaïques. Récemment encore, les travaux de voirie ont mis au jour d'importants fragments. Mais la perle de ces trouvailles est la superbe mosaïque découverte le 10 février 1806 dans le jardin de M. Macors, et représentant les courses du cirque.

Les Romains avaient couvert de villas ces fraîches îles du confluent. Peut-être s'y élevait-il de somptueux établissements de bains destinés à faire oublier Gaëte et Baïes aux opulents patriciens que leurs fonctions retenaient dans la métropole des Gaules, et ces mosaïques ont été foulées par le pied des danseuses grecques et des joueuses de flûte.

Qui saura jamais ce qui reste encore de richesses enfouies dans notre sol, et surtout ce qui en a été détruit !

*
* *

Je ne sache pas de monument qui ait plus à se plaindre de la main des modernes que la vieille basilique d'Ainay. D'autres édifices ont été modifiés, transformés. Ainay a été dépaysé; c'est un banni.

Elevée au confluent de deux fleuves, entourée de ces verdures vivaces qu'entretient le voisinage des eaux, l'abbaye profilait sur le plein azur du ciel son logis princier, les tours de son église, ses annexes et ses dépendances. Tout a été détruit, sauf l'église, qui se trouve maintenant noyée dans un océan de bâtisses et d'immeubles de gros rapport.

Telle quelle, elle est encore belle et captivante, cette victime de notre industrialisme moderne, avec sa physionomie archaïque, son porche roman et sa coupole byzantine. On dirait d'une reine des légendes, isolée de son cortège, se dressant avec la couronne traditionnelle et drapée dans la chape aux plis raides et lourds.

Au dedans tout est demi-jour et mystère. Et on se prend à regretter qu'un monument où l'âme se sent si bien emportée par le rêve, n'occupe point, comme nos pères l'ont cru, l'emplacement du temple d'Auguste et des arènes où tombèrent les premiers disciples du christianisme dans les Gaules.

Ainay n'en possède pas moins les colonnes qui se dressaient aux deux côtés de l'autel d'Auguste. Faites de deux pièces chacune, elles ont fourni les quatre piliers qui supportent la coupole du chœur. Quant à la tradition qui a placé la sépulture des martyrs dans la crypte d'Ainay, elle n'est, d'aucune façon, invraisemblable.

Si les chrétiens ont été mis à mort dans la cité romaine, leurs corps ont été jetés à la voirie suivant l'usage; or la voirie de Lugdunum était au bas du puy d'Ainay. Des disciples dévoués ont donc pu traverser de nuit la rivière et recueillir ces restes vénérés pour les enfouir au milieu des bois du confluent. Si l'on admet l'hypothèse d'une exécution dans l'amphithéâtre fédéral, l'autorité sacerdotale a dû veiller à ce que les corps des suppliciés fussent transportés aux confins du territoire sacré pour y être réduits en cendre. Là des mains pieuses les ont ensevelis.

Vers la fin du quatrième siècle, quelques solitaires formèrent une communauté qui avait pris un certain développement, lorsque Brunehaut favorisa Ainay de ses libéralités royales. De siècle en siècle, le monastère acquit de l'importance, et les abbés devinrent de puissants seigneurs, hauts justiciers, levant des hommes d'armes et, dans leurs démêlés, le prenant de très haut avec les archevêques.

Assez souvent les souverains, de passage à Lyon, logeaient à Ainay. François 1er, Marie de Médicis, Louis XIII, Anne d'Autriche furent les hôtes du palais abbatial. Hâtons nous de dire que, depuis l'année 1507, le monastère avait un abbé commendataire. On sait qu'une abbaye en commende devenait une espèce de fief donné par le roi à quelque heureux bénéficiaire dont la vie ascétique était le moindre souci.

On a longtemps disputé sur l'étymologie du mot « Ainay », allant chercher au loin des parrains quand il était si simple de prendre le véritable où il est — c'est-à-dire, en face. Comme toujours, c'est la langue grecque qui a fait les frais de la discussion. Parce que l'élément hellénique a tenu une grande place dans les origines de leur cité, les anciens lyonnais avaient un faible pour les étymologies grecques.

Il faut pourtant convenir qu'il n'est rien resté dans notre parler usuel, de la langue d'Attique et d'Ionie. A peine serait-il permis d'en voir une trace dans l'emploi abusif de l'article; par exemple, quand un gone demande « un peu de la place » ou déclare « n'avoir pas de l'argent ».

Toutefois, il est à noter que le vocable du premier sanctuaire érigé à Ainay par le christianisme était Saint-Athanase. L'appellation Saint-Martin n'est venue qu'après. Toutes les églises de Lyon ont été ainsi successivement débaptisées, ce qui n'a pas laissé que d'embarrasser les écrivains et de jeter du trouble dans leurs recherches.

Il y a là une manie locale qui étend assez souvent ses fantaisies aux personnes. Une bonne moitié des Lyonnais — de ceux, au moins, qui sont nés dans la première moitié du siècle — sont constamment appelés par un nom autre que celui dont ils ont été pourvus à leur naissance.

Puisque nous parlons des noms et des traditions, constatons que si nous n'avons rien retenu des Grecs, nous paraissons avoir gardé quelque chose des Latins. Nulle part, en effet, on ne trouve autant qu'à Lyon ces prénoms à physionomie romaine : César, Auguste, Claudius, Marc-Antoine, Victor, Marius, desquels on peut rapprocher les appellations à désinences latines : Pétrus, Joannès, Maria.

* *

Mon bavardage ne doit pas nous faire oublier que nous sommes partis à la découverte du confluent et que, d'Ainay à la Mulatière, il y a loin.

C'est en 1770 que Perrache commença cette double digue destinée à reculer le point de jonction du Rhône et de la Saône. L'opération n'alla pas sans encombre. Le domaine royal considérait comme siennes les îles que baignaient et trop souvent submergaient les deux eaux. La plus importante appartenait à un sieur Moignat qui, pour lutter contre les prétentions du domaine, employait toutes les armes — même celles d'Apollon, et qui décocha au grand roi ce quatrain :

> Qu'est-ce pour toi, grand monarque des Gaules,
> Qu'un peu de sable et de gravier ?
> Que faire de mon île ? Il n'y croît que des saules,
> Et tu n'aimes que le laurier.

On ne manque jamais de dire que « Perrache conquit un quartier » sur les deux fleuves. J'admire la grandeur du projet et l'énergie qu'il fallut pour le réaliser; mais la conquête — non. A mon avis, c'est une conquête malheureuse, comme il s'en trouve plus d'une dans notre histoire.

Où s'étalait une sorte de lac, semé d'un archipel frais et verdoyant, dont la vue inspira une page célèbre à J.-J. Rousseau, et qui formait un tapis enchanteur sous les yeux des chatelains de Sainte-Foy, Perrache a créé un banc de gravier, et notre temps y a mis par surcroît de laides usines, des entrepôts de charbons, de prosaïques établissements.

Comment comprendre aujourd'hui le charme que nos aïeux trouvaient à la promenade des Etroits ? Cela nous semble traduit d'une langue morte et se rapporter à quelque contrée inconnue, quand nous lisons, par exemple, les vers suivants adressés au Rhône et à la Saône :

> Fleuves majestueux, élevez-vous en voûtes.
> Là, près de nos remparts, arrêtez votre cours,
> Puisque, dans vos deux lits et dans toutes vos routes,
> Rien ne répondra mieux à vos dignes amours.

Perrache et Morand étaient contemporains, et leurs deux entreprises sont sœurs. Mais, des deux, Morand est celui qui a vu juste, et le quartier qu'il a conquis en établissant le pont qui porte son nom, cessant depuis longtemps d'être une colonie, est en train de devenir la métropole.

Perrache hélas ! n'a pas même été un utilitaire. Le premier client qu'ait trouvé sa presqu'île, après cinquante années d'attente — le chemin de fer — regrette déjà d'avoir pris pied sur ce terrain malencontreux.

Embarrassés de leur conquête, nos grands-pères eurent un moment l'idée d'y bâtir un palais pour le roi de Rome. Toute idée politique mise à part, je regrette sincèrement qu'ils ne l'aient pas fait. Une création de ce genre pouvait seule sauver ce quartier. Sans compter que nous aurions ainsi trouvé une préfecture toute prête.

Je me trompe, en disant que le chemin de fer est le premier client de la presqu'île; la prison Saint-Joseph l'avait précédé. Afin de ne pas laisser Perrache complétement déshérité, on lui a de plus concédé le privilège des exécutions capitales. Encore quelques concessions de ce genre et le quartier sera charmant.

Mais cessons d'accabler la mémoire d'un travailleur consciencieux, qui vit avec les yeux de son temps et osa entreprendre ce que nos ingénieurs regarderaient encore comme une grosse besogne. On étouffait dans le Lyon du siècle dernier, et l'idée dut venir d'agrandir le delta, en dehors duquel aucun Lyon ne semblait possible.

Je ne vous proposerai pas de visiter, au retour, la manufacture des tabacs. Si vous n'êtes pas fumeur, la vue de l'établissement vous est indifférente; si vous fumez, mieux vaut vous en tenir au proverbe qui conseille de ne point voir faire la cuisine qu'on doit manger.

En remontant la rue Bourbon, nous saluerons la place où doit s'élever la statue d'Ampère, un savant doublé d'un brave homme et d'un amoureux délicat. Il faut aussi accorder un souvenir à l'évêque de Genève qui vint mourir à Lyon, nature tendre, esprit affiné, à la pensée profonde, à la parole indulgente, et qui a donné son nom à l'église Saint-François-de-Sales.

Ainsi se terminera cette promenade. On passe vite dans ces rues qui ne sont que des parvenues, sans aïeux et sans histoire.

A L'OMBRE DE L'HOTEL-DIEU

Il y a un quartier Saint-Jean, il y a un quartier des Terreaux et un quartier de Bellecour ; mais il n'y a pas de quartier de l'Hôtel-Dieu — ou plutôt de l'Hôpital, ainsi que disait le populaire autrefois. Il domine, pourtant toute cette partie de la rive droite du Rhône, le monument élevé par nos pères, avec une magnificence sans rivale, au siècle dernier.

En 548, Childebert et la reine Ultrogothe étaient venus à Lyon. Dans la lutte entre les Burgondes et les Franks, le sort des armes avait été contraire aux fils de Gondebaud, et la vieille cité romaine était échue, dans le partage, à Childebert, roi de Paris. Le souverain venait visiter sa nouvelle possession que ses mœurs, sa langue, ses habitations même rendaient si différente des capitales du Nord : c'était une Rome gauloise, mise en comparaison des bourgades frankes.

Childebert et Ultrogothe, fondèrent un hôpital, sous le vocable de Notre-Dame, à peu près sur l'emplacement de l'ancienne douane, vers Saint-Paul. Mais je présume qu'ils le fondèrent à la façon dont les souverains ont accoutumé de fonder. C'est-à-dire que tout déjà était préparé depuis longtemps pour cette institution, qu'il existait même un commencement d'organisation dû à l'évêque Sacerdos, et que les augustes visiteurs n'eurent qu'à tenir sur les fonts baptismaux un enfant bien né et marchant déjà tout seul. J'admets, toutefois, qu'ils furent des parrains généreux.

Quoiqu'il en soit, l'hôpital de Notre-Dame de la Saônerie ou de la Saunerie, est le plus ancien des établissements hospitaliers de France. Il garda une certaine importance jusqu'à la la fin du treizième siècle. Mais un autre hôpital, dit du Saint-Esprit, avait été créé à la tête du pont du Rhône, et le mouvement que détermina dans la partie sud-est de la ville, la construction de ce pont, fit se développer peu à peu les services de l'hôpital voisin. Le Consulat en prit la direction en 1478.

Ce n'était point un ensemble de constructions comparable, ni comme étendue, ni comme importance, à ce que nous voyons aujourd'hui. Cela devait ressembler à nos baraquements militaires, et, pour l'aménagement intérieur, il faut se rappeler ce qu'était le confortable des classes aisées. Les draps de lit étaient encore un objet de luxe, et les bourgeois — les bourgeoises aussi, sans manquer au respect que je vous dois, madame — assez cossus pour avoir des chemises, avaient grand soin de les quitter la nuit afin de les ménager.

Les bâtiments actuels de l'Hôtel-Dieu couvrent une superficie de plus de 20,000 mètres. Les plus anciens ne remontent pas au delà de l'année 1623 : c'est la partie occupée maintenant par les femmes. Un siècle plus tard, Soufflot commençait la grande façade du quai du Rhône. Mais le dôme n'a point été exécuté sur ses plans et, par une économie maladroite, on a supprimé un étage du soubassement et restreint le développement de la coupole.

Il est difficile de parler du dôme de l'Hôtel-Dieu, sans consacrer une mention au crocodile légendaire appendu au sommet. Cet animal exotique, pris dans le Rhône, en face de l'hôpital avait-il réellement remonté le fleuve ? Ne serait-il qu'un pensionnaire de ménagerie, en rupture de ban ? En tout cas, l'idée est singulière de l'avoir accroché au sommet du dôme.

Ce n'est point à des Lyonnais qu'on apprendra quelle sage direction a, de tout temps, présidé aux intérêts de l'Hôtel-Dieu. Autonome, et restée telle en notre siècle où les municipalités tendent à tout absorber, notre administration hospitalière dispose d'un patrimoine de près de cent millions, entièrement dû à des libéralités privées. Cette institution est restée la dernière survivante d'une époque où chaque fondation recevait les organes nécessaires à son existence, mais où la sagesse de nos ancêtres n'avait garde d'établir une centralisation qui tourne trop souvent à la confusion.

Pendant des siècles, le rectorat des hospices a été l'école où la cité allait chercher ses administrateurs. Ce n'était qu'après avoir servi les pauvres, payé de sa personne et de ses deniers, qu'un citoyen arrivait enfin à faire partie du corps consulaire. De nos jours, le suffrage aurait une tendance à choisir ses élus parmi les pensionnaires de l'hôpital plutôt que parmi les administrateurs.

Par le temps de laïcisation qui court, on n'a pas assez remarqué que le problème est résolu, depuis des siècles, dans les hospices lyonnais. En effet, nos infirmières sont des servantes laïques, aux gages de l'administration, portant un uniforme — ce qui est bien dans le goût du jour, ne faisant aucun vœu — à preuve qu'il s'en marie assez souvent, et n'ayant pas de supérieurs dans le sens où l'église entend ce mot. Si quelqu'un se refuse à les regarder comme des laïques, c'est que les expressions, comme nous l'avons déjà constaté, ont perdu leur valeur originelle et que le vocabulaire de la langue est à refaire.

*

Ce sera ne point sortir de notre sujet et peu nous éloigner de l'Hôtel-Dieu, que d'accorder un moment à l'hospice de la Charité. Celui-ci est encore une œuvre d'initiative privée, et sa fortune, confondue maintenant avec celle de l'Hôtel-Dieu, est sortie d'un reliquat de quête, s'élevant à la somme de 396 livres 2 sous 6 deniers.

Au printemps de l'année 1531, la famine s'étendit sur le Lyonnais et sur toutes les provinces environnantes. « Si grande fut l'affluence des pauvres, que du pays de Bourgogne, le plus fertile de tous, et de Savoie, en fut envoyé par les rivières du Rhône et de Saône, dedans plusieurs bateaux et sans aucune conduite, un bien grand nombre, comme gens affamés et plus alanguis et secs que corps apprêtés à faire anatomie. »

La population lyonnaise ne pouvait rester indifférente à tant de misères. Des quêtes furent recueillies, des souscriptions organisées, et l'on nourrit ainsi pendant trois mois les pauvres de la ville et du dehors. Il restait un solde en caisse ; l'idée vint alors de transformer cette organisation en institution permanente. Les statuts de l'Aumône générale furent rédigés par Jean Broquin, depuis porté à l'échevinage; ils ont servi de modèle à tous les établissements de ce genre.

Notons que nulle rue, nulle place ne porte le nom de cet honorable citoyen, pas plus que de l'évêque Sacerdos, véritable fondateur du premier hôpital lyonnais.

Au siècle suivant, l'Aumône générale était assez riche pour entreprendre la construction de l'hospice de la Charité (1617). Jean Kléberg, Symphorien Champier, Jean Sala, Nicolas de Chaponay, Thomas de Gadagne avaient ouvert la liste des donataires de la première institution. Alphonse de Richelieu, les Villeroy, les Scève, les Cardon, les Saint-Trivier figurent en tête des registres de la Charité, qui sont ainsi le livre d'or de la cité.

Un arrêté des recteurs, à la date de 1707, décida que les enfants de l'hospice « seraient élevés et entretenus à la campagne pour la repeupler. » N'est-ce pas là en germe l'idée de nos colonies agricoles ? Il n'y a rien de nouveau sous le soleil, et si l'on se donne la peine de chercher, le bagage de nos découvertes se réduit à peu de choses.

L'histoire du service médical de l'Hôtel-Dieu et de la Charité, dont tous nos autres établissements hospitaliers sont successivement sortis, a enregistré bien des noms de praticiens célèbres, surtout des noms de chirurgiens. Car si l'ancien Lyon possédait un collège royal de chirurgie, dont les salles confinaient à l'hospice de la Charité, jamais on n'y érigea de « temple au Dieu d'Epidaure », suivant la remarque qui en a été faite, en la langue du temps.

Deux personnages ont laissé grand renom dans nos annales, mais à des titres différents de ceux des Pouteau, des Petit, des Bonnet.

François Rabelais, reçu docteur à Montpellier, fut médecin de l'Hôtel-Dieu, et c'est à Lyon qu'il publia la première édition de son Pantagruel (1533), destiné à égayer ses malades. Il estimait que « n'y ayant rien de plus contraire à la santé que la tristesse et la mélancolie, le prudent et sage médecin ne doit pas moins travailler à réjouir l'esprit abattu des malades qu'à guérir les infirmités du corps. »

Quelques années plus tard (1547), Michel Nostradamus était appelé par les recteurs de l'Aumône pour combattre une épidémie qui décimait la population indigente. S'il n'est pas prouvé que Nostradamus fut un sorcier, c'était, pour sûr, un grand hygiéniste, — ce qui vaut autant. Grâce à ses conseils et à un sage usage des désinfectants, la contagion diminua rapidement.

Au demeurant, bien avant que l'État se décidât à ériger une faculté de médecine de Lyon, le service de nos hôpitaux constituait une école pratique de premier ordre, dont les travaux étaient fréquemment cités à l'étranger. Le gouvernement français était seul à les ignorer.

Soyons fiers de ces deux grandes institutions, nées l'une et l'autre d'un amour profond de l'humanité, conçues avec intelligence et sagesse, et — ce qui ne gâte rien — l'une et l'autre restées bien lyonnaises.

* * *

Tout monument, à Lyon, ayant son contingent de boutiques, l'Hôtel-Dieu devait ne point échapper à la loi commune. La façade du quai abrite de nombreux marchands, parmi lesquels les bouquinistes tiennent la place la plus marquante.

Que de choses dans ces casiers à quatre sous ! J'ai souvenance d'avoir passé là de bien douces heures en ma jeunesse, et maintenant encore, je ne sais longer les étalages sans m'y arrêter un peu. Au milieu de ces éditions naufragées, parmi ces épaves de la pensée, il s'y trouve de tout — et même ce qui ne se rencontre point ailleurs. Plus d'un gros volume qui se prélasse dans les bibliothèques, sous sa reliure de maroquin rouge, n'a souvent pas le poids intrinsèque de tel de ces bouquins méconnus !

Cette façade de 325 mètres a fort grand air ; mais, à mon sens, le monument n'a sa physionomie vraie, intime, personnelle, qu'abordé par la rue de l'Hôpital. Le petit portail de Ferdinand de la Monce et la cour triangulaire d'entrée, avec ses galeries, ont un aspect discret et recueilli, qui sied bien à un asile charitable.

L'effet devait en être plus sensible encore, lorsque la rue de l'Hôpital et la rue du Bourg-Chanin étaient la grande route de Lyon vers le Dauphiné. Jetez les yeux sur un vieux plan de Lyon et vous verrez que toutes les voies convergeaient vers ce point : l'Hôtel-Dieu était alors placé sur le chemin de France en Italie, d'Occident en Orient; c'était le *xenodochium*, la grande hôtellerie des pèlerins souffreteux et des voyageurs fourbus.

L'ancienne rue Belle-Cordière a perdu à la fois son nom et une rangée de ses maisons. C'est la rue Impériale qui s'est approprié les maisons restées debout, et la rue du Bourg-Chanin qui a hérité du nom. On ne dit pas si, vivante, l'héroïne lyonnaise eût été flattée de ce partage.

Le Bourg-Chanin, comme son nom l'indique, — « chanin » est en dialecte lyonnais l'adjectif formé de « chien », — le Bourg-Chanin n'a jamais été et ne sera pas de longtemps une rue aristocratique. Par suite d'une configuration naturelle, le sol y est facilement humide, et les passants, au temps jadis, ne se faisaient point faute d'aider la nature et d'entretenir cet état boueux par des agissements qui ne sont plus de mise. A la suite du Bourg-Chanin, de l'autre côté de la rue de la

Barre, il y avait une rue des Basses-Braies dont le nom se passe de commentaires.

A ce quartier se rattache pourtant un souvenir historique. Sous Charles VI, il y eut une « rebeyne » ou émeute populaire. Les gens de métiers réclamaient que la moitié des consuls fût prise parmi les artisans. Comme ils étaient les plus forts, il leur fut donné satisfaction. Et je me plais à remarquer que cette exigence était d'une modération méritoire : depuis, nous avons eu d'autres émeutes, et jamais, au grand jamais, les insurgés ne se sont contentés de partager avec ceux qu'ils appellent encore les bourgeois; ils prennent tout.

Hélas! le triomphe de la rebeyne de l'an 1403 ne fut pas de durée. Les troupes royales occupèrent Lyon ; dix des meneurs furent décapités et leurs têtes exposées sur des pieux, à l'entrée du pont de Saône.

Il paraît que les habitants du Bourg-Chanin et ceux d'Ainay — dont l'esprit ultra-conservateur, vous le voyez, ne date pas d'hier, — avaient refusé de s'associer au mouvement. Ils imaginèrent de perpétuer le souvenir de cette malencontreuse aventure, en instituant la fête du « cheval fol. »

Pour tourner en dérision les mutins qui s'étaient comportés comme des chevaux échappés, un homme se promenait par la ville, affublé d'une couronne et portant un sceptre. A sa ceinture était fixé un mannequin affectant la forme d'un cheval, recouvert d'une housse fleurdelisée et traînant à terre. Accompagné de violes et de hautbois, le cheval fol sautait, dansait et caracolait, aux appaudissements de la foule ébaudie. Les chanoines de Saint-Jean accordaient une subvention — comme nous dirions maintenant — de huit écus d'or pour la célébration de cette fête.

Je ne sais ce que vous en pensez, mais je ne puis me défendre de soupçonner qu'il se cachait une pensée malicieuse là-dessous, et que ce n'était pas précisément de la rebeyne qu'on se moquait. A la place du sire roi régnant, ce bloc fleurdelisé ne m'eût rien dit qui vaille.

De ce divertissement qui avait lieu aux fêtes de Pentecôte, il ne reste que la foire tenue encore chaque année sur le quai du Rhône.

***

C'est donc sur la rue du Bourg-Chanin que notre édilité a transféré le nom de la Belle-Cordière. La rue qui portait anciennement son nom y avait au moins quelque droit, puisque la maison de Louise Labbé était sise à l'angle de cette rue et de celle de Confort.

Rien ne reflète mieux notre caractère national que cette facilité avec laquelle nous troquons et remanions les appellations de nos voies publiques. En Angleterre, on n'admettrait pas qu'une rue changeât de nom, pas plus qu'un homme ou une ville. Et, de fait, pourquoi n'a-t-on pas encore modifié l'état civil de tant de gens qui s'appellent Roy, Comte ou Evêque ?

Louise Labbé, qui possédait un de ces noms suspects, eut la bonne fortune de passer à nous sous son gracieux surnom de la Belle Cordière. S'il est rigoureusement vrai que la plus honnête femme est celle dont on parle le moins, la pauvre Louise doit être tenue pour suspecte. Mais les proverbes, justement parce qu'il sont l'expression de la sagesse des nations, sont sujets à révision comme cette même sagesse.

Louise Labbé était belle : elle avait, dit le bon Paradin, « une face plus angélique qu'humaine ». Louise avait aussi tous les charmes de l'esprit, puisque Jacques Pelletier déclare que :

> La beauté est le moins qui soit en elle ;
> Car le savoir qu'elle a
> Et le parler qui suavement distille,
> Si vivement animé d'un doux style,
> Sont trop plus que cela.

Il n'en fallait pas davantage pour que la jeune épouse d'Ennemond Perrin fut courtisée, recherchée — et malmenée par les bonnes langues du temps. Rien de plus implacable qu'un poursuivant déçu, si ce n'est les amies et les rivales de la femme ainsi entourée.

La postérité a d'autant plus volontiers accueilli ces insinuations perfides que Louise avait l'âme généreuse et le cœur tendre. Or, l'amitié d'une femme est une de ces choses que le monde est toujours enclin à décorer d'une épithète malsonnante. La seule excuse à tant de sévérité, c'est que, pour l'homme honoré de l'amitié d'une femme, quelle que soit l'élévation des sentiments, de part et d'autre, quelles que soient même les différences d'âges et de situations, il y aura toujours une minute au moins où l'homme cessera de voir uniquement dans la femme une amie et une sœur. Mais rien n'autorise à dire que Louise ait failli à ses devoirs d'épouse, et la meilleure preuve en est dans le témoignage suprême d'affection et d'estime que lui donna son mari, Perrin le cordier, en l'instituant son héritière.

Il paraît certain que Louise, comme beaucoup de jeunes filles, avait eu, avant son mariage, un premier amour : celui qui en avait été l'objet faisait partie de l'armée d'Italie. Ennemond connaissait le fait, de même qu'il n'ignora pas ensuite les stances, parfois brûlantes, qui s'échappaient de la plume de Louise.

Un fait beaucoup moins certain que cet amour de jeunesse, et peut-être d'enfance, c'est l'équipée qu'on a prêtée à la jeune fille, en l'envoyant au siège de Perpignan, sous le nom de capitaine Loys. Pour tout esprit non prévenu, il y a fausse interprétation.

En ce temps de tournois et de passes d'armes, on donnait souvent aux camps rivaux les noms des nations avec lesquelles la France s'était rencontrée sur les champs de bataille. Rien d'étonnant à ce qu'on ait représenté le siège de Perpignan dans un carrousel, à Bellecour. Des jeunes filles furent sans doute admises à figurer dans ces fêtes héroïques, sous le harnais militaire, et les organisateurs étaient trop galants pour les mettre du côté des Espagnols. Le capitaine Loys et ses compagnes étaient donc dans le camp français et firent ainsi le siège de Perpignan — à Bellecour.

Parmi les contemporaines de la Belle Cordière, il faut citer Clémence de Bourges, la perle des damoiselles lyonnaises, poète et musicienne, fiancée à Jean du Peyrat. Le jeune officier fut tué dans un engagement à Beaurepaire, et Clémence en mourut de chagrin.

On voyait aussi Jeanne Gaillarde, dont Clément Marot chanta la beauté et la plume dorée, et qui répondait au poète en la langue des Dieux, Jacqueline Stuard, Pernette du Guillet, les deux sœurs, Claudine et Sibylle Scève, et cette Jeanne Creste qui, pour gagner une gageure, donna dans la rue une baiser à un ramoneur.

Que si quelqu'un s'étonne de rencontrer tant de rimeuses en un même temps, je le prierai d'observer que la poésie était le piano de l'époque et que les accords de toutes ces lyres avaient au moins l'avantage de s'adresser à un auditoire restreint et de ne point incommoder les voisins. D'ailleurs, la vie étant alors moins compliquée qu'en notre siècle, les dames disposaient de loisirs qui ne pouvaient avoir de meilleur emploi que la culture des lettres et la recherche du bien dire.

La veuve d'Ennemond Perrin, la Belle Cordière, se montra digne de la libéralité de son mari, puisqu'elle légua sa maison de la rue Confort aux pauvres de l'Hôtel-Dieu. Clémence de Bourges institua de même des distributions périodiques à l'Aumône générale.

Nous ne pouvons quitter le voisinage de l'Hôtel-Dieu sans consacrer un mot à deux établissements qui vivent à son ombre. Vivre n'est peut être pas le mot propre, car l'un des deux est le théâtre de Bellecour. L'autre est le Casino, où une foule turbulente s'offre, chaque soir, des passe-temps et de la poésie qui ne rappellent en rien ceux de Louise Labbé et de ses contemporains.

Quant au théâtre, je n'aurai pour lui que des paroles compatissantes. Les malades et les infirmes ont droit à nos ménagements, et il est de règle élémentaire de ne point contrister ceux qui s'intéressent encore à leur sort.

Venu au monde sous les plus brillants auspices,

nourri d'abord de miel et de lait, l'infortuné n'a fourni qu'une courte carrière. Il a parfois des velléités de renaître à la vie et se cramponne à l'existence ; mais ce sont là des réveils éphémères. C'est le théâtre de Bellecour, digne assurément d'une meilleure destinée, qu'avait en vue le prophète, lorsqu'il a dit : « J'ai passé le matin ; le soir, il était fermé. »

Qu'il sommeille en paix et que l'ombre de l'Hôtel-Dieu lui soit légère !

LE PONT DE LA GUILLOTIÈRE

LE PONT DE LA GUILLOTIÈRE ET SES EXTENSIONS

En l'an de grâce 1190, le roi très chrétien Philippe-Auguste et son allié, Richard Cœur-de-Lion, duc de Normandie, roi d'Angleterre, défenseur de la foi, se rendaient en Terre-Sainte et quittaient Lyon, par le pont du Rhône. Les deux monarques et leurs armées avaient passé, quand le pont se rompit sous le poids des chariots et des bagages.

C'était un pont de bois, la chose ne fait pas doute ; mais où était-il établi ? c'est là que le débat commence. A Lyon, qu'il s'agisse d'un pont disparu ou d'un pont à faire, les opinions varient immédiatement. Quant aux ponts existants, une fois sur deux, ils sont placés de travers.

D'aucuns assurent que le pont écroulé était dans l'axe de la rue Sainte-Hélène et qu'il occupait la place d'une série d'autres ponts qui s'étaient succédé au même endroit depuis l'époque romaine. Je n'y vois pas d'inconvénient, mais je ne vois pas davantage d'intérêt bien marqué à ce que la traversée du Rhône s'effectuât un peu plus bas ou un peu plus haut.

Quoiqu'il en soit, les Lyonnais se préoccupèrent de remplacer le pont par une nouvelle construction toute en pierre. C'était une œuvre d'utilité internationale à laquelle toute la chrétienté contribua. Richard fut au nombre des premiers donateurs. Innocent IV s'y intéressa, tant par ses libéralités personnelles qu'en accordant des indulgences à ceux qui feraient des dons ; plusieurs de ses successeurs recommandèrent aux fidèles cette construction qui ne fut, d'ailleurs, pas de sitôt achevée.

Les dons se faisaient en espèces, et aussi en nature. Tous les abords de Lyon avaient été dotés, sous la domination romaine, de tombes monumentales et de cippes funéraires. Une grande partie des matériaux avaient été appropriés, à diverses époques, aux constructions particulières ou d'utilité publique. Ainsi, le pont de Saône au siècle précédent, avait été déjà bâti, partie avec les débris du forum, partie avec des pierres tumulaires.

De tous côtés, on apporta donc des matériaux aux frères pontifes ; les plus petits blocs entrèrent dans l'œuvre en exécution, mais les plus gros reçurent un emploi moins direct.

L'établissement des culées du nouveau pont ayant dévié le courant du fleuve, les eaux allaient ronger les prés de Béchevelin, propriété de l'abbaye d'Ainay. Aussitôt, assignation de la part des religieux qui n'entendent point qu'on entame leurs prairies. Les pontifes alors ne trouvent pas plus simple que de planter une rangée de pilotis dans le sens du rivage menacé, et d'improviser une digue en immergeant, par milliers, les cippes qu'on leur apportait.

Quand les eaux sont basses, vous les apercevez facilement, devant la nouvelle faculté de médecine. C'est là que, sous l'habile direction de M. Guigue, plusieurs de ces monuments ont été retirés. Il en reste encore de quoi bâtir un pont.

Malgré tant de zèle déployé, la construction marcha lentement. Il fallut établir des arches provisoires de bois, et, sous François Ier, il y avait encore trois arcades non construites en pierre, du côté de la Guillotière. Les vingt arches ne furent achevées qu'en 1572.

Car le pont avait vingt arches ; par suite de la suppression de trois piles, le nombre des arcades fut réduit à dix-sept, que nos grands-pères ont encore connues, et, en fait, elles existent toujours, enfouies dans la large chaussée qui est à la sortie du pont. Il avait alors 526 mètres de longueur, tandis qu'il en mesure 275 aujourd'hui.

Pendant six siècles, le pont de la Guillotière a donc été en état de construction et de réfection. Les piles primitives, trop massives, ont été successivement refaites et allégées; plus récemment, on y ajouta des trottoirs portés par des arcs métalliques.

Avant la Révolution, le milieu du pont était défendu par une tour; il s'en trouvait deux autres, à l'entrée du côté de Lyon. C'est au pied d'une des piles qu'a été découvert le bouclier d'argent qu'on voit au Louvre et représentant, dit-on, l'acte qui fait tant d'honneur à Scipion l'Africain. Nous avons eu occasion de mentionner qu'il fut offert à Louis XIV par Guillaume Pilata, gendre d'Ottavio Mey.

**

En 1711, le printemps fut marqué par une inondation terrible, dont le niveau n'a été dépassé que par celle de 1840. A peine les dégâts étaient-ils réparés qu'un second événement vint affliger la population.

Chaque année, une grande foule se portait à Saint-Denis-de-Bron, le dimanche de la fête patronale. D'après l'usage — qui remontait sans doute aux dionysiaques antiques et se rattachait au culte d'un Bacchus, *Dionysios*, dont saint Denis avait pris la place — les passants pouvaient s'adresser les quolibets les plus osés, sans que personne eût le droit de s'en offenser. La journée du 11 octobre 1711 se trouvant fort belle, l'affluence était considérable ; on l'évalua à trente mille personnes.

Il n'y avait alors d'autre pont que celui de la Guillotière, beaucoup plus étroit et beaucoup plus long que celui d'aujourd'hui. Aussi quand la cloche annonça la fermeture des portes, se produisit-il un encombrement pour rentrer en ville. Pendant que la foule, engagée dans ce long couloir, s'écoulait péniblement, une voiture marchant en sens contraire, se présenta à l'autre extrémité. C'était celle de Mme de Servient, se rendant à son domaine de la Part-Dieu. Bientôt la voiture est renversée et le passage complètement obstrué.

Ce fut un étouffement général : des malheureux sont soulevés par la pressée de la foule et précipités dans le Rhône. Aussitôt prévenu, le prévôt des marchands se fait transporter par bateau à la Guillotière et parvient à grand peine à faire enfin rétrogader la multitude. Deux cent trente-huit personnes moururent écrasées, sans compter les noyés dont on ne sut pas le nombre.

C'est en expiation du malheur dont elle avait

été la cause involontaire que Catherine de Mazenod, veuve de Maurice-Amédée de Servient, légua à l'Hôtel-Dieu son vaste domaine de la rive gauche du Rhône, sur lequel s'est élevé tout le quartier des Broteaux et celui de la Part-Dieu.

La valeur de ce legs fut alors estimée à deux cent mille livres. On peut affirmer que les hospices ont déjà vendu pour plus de vingt millions de terrain et qu'il en reste encore une quantité considérable, dont la valeur s'accroît tous les jours.

Comme il est de la nature des hommes et des institutions de ne point voir clair dans leurs destinées, les hospices, loin de pressentir la fortune à venir qui leur était dévolue, s'opposèrent d'abord à la construction du pont Morand. Ils avaient des bacs à traille dont le revenu leur semblait menacé par l'entreprise du téméraire architecte. Croyez-vous que si la population lyonnaise en fût restée aux bacs, elle eût jamais songé à émigrer, pour moitié, de l'autre côté du Rhône?

Nous ne saurions traverser le vieux pont de la Guillotière, sans accorder un regard à cette belle ligne des quais de la rive droite. C'est Nicolas de Ville qui, lors de la construction de la grande façade de l'Hôtel-Dieu, conduisit les travaux du quai jusqu'au pont Saint-Clair, aujourd'hui place Tholozan.

La partie en aval du pont ne reçut son complet achèvement qu'un peu plus tard. Il fallut démolir une chapelle et un réservoir pour les eaux du Rhône qui interrompaient la ligne. Après un siècle et demi, il reste encore, vers l'extrémité de la presqu'île, quelques baraques et un petit château affecté à usage de caserne, dont la présence rétrécit désagréablement la chaussée établie par Perrache. On prétend que le château n'est autre que l'ancienne résidence du célèbre ingénieur. N'importe, accommodé comme il est, le château n'est pas beau et les baraques sont hideuses.

Une fois le pont traversé, nous avons le pied en terre dauphinoise. Il n'a pas fallu moins que la Révolution française pour consommer la réunion définitive de la Guillotière à Lyon, et encore un décret du 12 août 1793 la donna momentanément au département de l'Isère.

Le nom moderne du quartier est, d'ailleurs, essentiellement dauphinois. V. de Valous paraît en avoir déterminé l'étymologie, en établissant par de vieux textes, qu'il y avait une habitation dite : « la maison de Guillot, » d'où « la Guillotière ». Toutefois, on trouve, dans l'Isère, de nombreux territoires portant des noms analogues. Un auteur dauphinois, Pilot, a relevé : la Guilletière, commune de Chirens ; Guilletière, à Sarcenas ;

le Guillet, à Allevard ; les Guillets, à Villars-de-Lans ; la Guillotière, à Rossieu ; Guillotière, à Marcollin ; la Guillotière, à Viriville.

Vous voyez qu'en fouillant un peu, nous aurions bientôt autant de Guillotière que de Lugdunum. Pour les uns comme pour les autres, la multiplicité des vocables semble exclure la probabilité d'un nom ayant passé d'un homme à ces divers lieux ; c'est dans la nature du sol ou la configuration topographique qu'il faudrait plutôt chercher l'origine de cette dénomination commune. Une étude des patois locaux donnerait peut-être la solution du problème.

L'embarras n'est pas moindre pour l'ancien nom que portait le faubourg : Béchevelin, et que l'on retrouve dans une rue du quartier. « Velin » fut certainement l'appellation générale de cette partie du Dauphiné, contiguë à Lyon, ainsi que l'atteste le nom de Vaux-en-Velin.

Faut-il lui donner la même étymologie qu'au mot « vélin » et y voir une allusion aux élèves de bétail qu'on engraissait dans ces herbages ? Ce serait alors le même vocable que celui de l'Italie, le pays des bœufs : ἰταλός, *vitulus*, Velin. Est-ce au contraire une forme de « Belin », venu lui-même de « Bel, Bal, Baal, » dont le culte a tenu une si grande place dans la région rhodannienne ? Ce sont de ces grands problèmes que l'archéologie tranchera un jour — le jour qu'il ne restera plus qu'un archéologue.

Quant au terme « bêche », il sonne son lyonnais d'une lieue et fait tout de suite penser à une bêche à traille, passant les voyageurs de Bellecour à Velin, et vice versâ.

Le mandement de Béchevelin fut d'abord soumis à la juridiction lyonnaise, par Charles VII, en 1456. Mais les habitants ne l'entendaient point ainsi, et moins encore le Parlement de Grenoble. Il faut bien dire que les Lyonnais étant affranchis de garnison et ne permettant pas aux troupes de passage de séjourner en ville, c'était au faubourg situé à la sortie du pont qu'incombait en totalité cette charge.

Le Parlement de Grenoble, pour retenir ou plutôt pour ramener sous sa juridiction ce qui commençait à s'appeler la Guillotière, invoquait la présence d'une colonne, existant encore en 1696, sur le pont du Rhône, et portant les armes du Dauphiné.

Un jugement du Conseil d'Etat, en 1701, débouta le Parlement de Grenoble, mais on vit renaître sur la rive gauche du Rhône le conflit séculaire, tant de fois renouvelé, entre le corps consulaire et l'archevêque. Le prélat était seigneur justicier dans le mandement de Béchevelin, comme il l'avait été dans l'ancien Lyon et comme il le resta jusqu'à la Révolution dans le quartier de Pierre Scize.

Le Consulat, par acte passé le 31 octobre 1705,

acquit la justice haute, moyenne et basse de l'archevêque, dans toute l'étendue du mandement. Vous pourriez croire l'incident clos. Avec l'archevêque, oui, mais pas avec le Parlement grenoblois. Les habitants de la Guillotière, processifs comme de vrais Dauphinois, protestaient encore en 1788 et se réclamaient du Parlement de Grenoble.

Aujourd'hui, ils comprennent autrement leur affaire, et préparant leur revanche, ils sont en train de s'annexer Lyon et le département du Rhône; ils tiennent déjà la petite moitié des habitants de la métropole et, en attendant mieux, ils lui ont pris la préfecture. Vous verrez bientôt que, pour avoir le droit de se dire Lyonnais, il faudra être né en Dauphiné.

* * *

L'emplacement de l'église Saint-André était autrefois occupé par la chapelle de Notre-Dame-de-Béchevelin. Cet oratoire s'élevait sur un « molard » dont la saillie est encore reconnaissable, malgré l'exhaussement qu'ont subi les diverses parties de ce quartier.

Il s'en trouvait plusieurs dans ces parages. Ils contenaient quelquefois des objets antiques, et l'on se demande si ce n'était pas des « poypes » découronnées. Vous savez que les poypes, si fréquentes en Bresse, ont été souvent rattachées au culte du soleil ou de Bal, et le nom de Velin ou Belin expliquerait la présence de ces tumulus sur la rive gauche du Rhône.

Voilà bien des souvenirs rétrospectifs et bien des hypothèses d'ordre transcendant, à propos d'un quartier habité, jusqu'à ces dernières années, par une population de nomades. Il n'y a pas longtemps que la qualité de citoyen de la Guillotière — j'en demande pardon aux habitants actuels — n'était pas précisément une recommandation. Dans les taudis situés entre la Grande Rue et la Part-Dieu, on avait cure de l'histoire ancienne comme un poisson d'une pomme, et, des institutions modernes, la police était la seule qui fût prise en considération.

Placée au point d'arrivée d'Italie et de Provence, la Guillotière comptait de nombreuses auberges. Plusieurs portaient des noms assez typiques : hôtel de la *Chèvre*, ce devait être un des gîtes préférés de ceux qui amenaient ce bétail sur pied, à l'époque où il était de consommation courante ; hôtel des *Trois paquets de mauve*, rendez-vous des marchands de vulnéraire des Alpes ; hôtel du *Pou-Volant*... pas de commentaires.

Mais le faubourg avait aussi des hôtelleries d'un rang plus élevé, notamment les *Trois Rois*. Une inscription rappela longtemps que le roi Louis XI avait couché dans une maison de la

Grande Rue : *L'an mil quatre cent septante-six, louja ciens le noble roy Louis, la veille de Nostre Dame de Mars*. Le château de la Motte, hébergea Marie de Médicis, fiancée à Henri IV, et plus tard, Louis XIII.

Malgré l'ouverture de voies nouvelles, la grande rue de la Guillotière est restée très passante, et les dimanches elle offre cette animation particulière aux faubourgs populeux. Cependant, je ne répondrais pas que, de ci, de là, vous ne trouviez, dans quelque recoin abrité, de braves boutiquiers faisant une partie de cartes sur leur porte.

La fête patronale, la vogue de la Guillotière, jouissait autrefois d'une véritable renommée. On dansait dans les prés, — il y avait encore des prés — et c'est là que j'ai vu les derniers quadrilles menés au son de la vielle.

Le musicien debout, par quelques notes aiguës comme les cris d'un envolée d'hirondelles, appelait les danseurs, et, le quadrille formé, commandait les figures : « Balancez vos dames, la queue du chat, cavalier seul, grand galop. » Auprès de lui, sa femme tenait une chandelle dont la flamme, protégée par un cornet de papier, n'avait guère d'autre emploi que de faciliter la recette des dix centimes dûs par chaque cavalier.

Il y avait, comme cela, de trente à quarante quadrilles se mouvant dans la pénombre. Ce n'était point l'éclat de nos bals actuels; mais je vous gage, sous

> Cette obscure clarté qui tombe des étoiles,

il y avait plus de décence et de retenue que sous les lustres flamboyants de nos établissements publics.

*
* *

La Guillotière ancienne, comme tous les faubourgs de Lyon, est pauvre en monuments. Lyon même n'en a point à offrir, en nombre et en importance, autant que le feraient présumer l'ancienneté et la richesse de la ville. Il semble que le souvenir des destructions que la cité eut plus d'une fois à subir, ait pesé sur l'esprit de nos pères.

Les Normands, gens non moins positifs et pas davantage artistes, ont semé leur sol de monuments remarquables, tandis que les Lyonnais s'évertuaient à ne rien faire qui trahît plus qu'une bourgeoise médiocrité. Il a fallu qu'ils arrivassent au dix-septième siècle pour se risquer à bâtir un hôtel de ville digne de la cité.

Saint-Louis, restée l'église principale de la Guillotière, est une ancienne chapelle conventuelle. Les religieux franciscains qui la desservaient méritent une place dans les annales lyonnaises, à cause d'Henri Marchand, un des leurs, qui construisit les deux globes conservés à la bibliothèque de la ville.

Lorsqu'il fut fait grand bruit autour des récentes découvertes du voyageur anglais Livingstone dans la Haute-Égypte, le Lyonnais bien connu qui occupe les fonctions de bibliothécaire de la ville, fit remarquer à ses concitoyens que, dès l'année 1701, l'auteur des deux globes en question avait nettement tracé le cours du Nil supérieur. Ce voyage d'exploration dont l'univers entier s'était émerveillé, avait été effectué, deux siècles plus tôt, par les missionnaires, et il eût suffi de consulter le travail d'Henri Marchand pour connaître ces régions réputées inconnues.

La Guillotière moderne est en train de s'enrichir de nombreux monuments. Le premier en date est celui qui abrite la faculté de médecine et la faculté des sciences. Ce sont là demeures princières qui n'arrivent pourtant qu'à faire maigre figure, depuis que la fièvre scolaire s'est emparée du pays et qu'on a mis ce que nos grands-mères appelaient des écoles foireuses, dans de véritables palais.

Ce n'est point que je m'attarde à regretter les anciennes classes, étroites et peu aérées, auxquelles l'écolier accédait par une allée noire et par un escalier à se rompre le cou. Mais n'a-t-on pas confondu, dans une même préoccupation, le contenant et le contenu ? Nos anciens savaient boire de fort bon vin dans un gobelet ordinaire ; nous nous croyons plus avisés, parce que nous servons le nôtre dans un verre richement décoré.

Un homme de sens et d'expérience me disait un jour que le nom de « groupes scolaires » donné aux nouveaux bâtiments était pour beaucoup dans les écarts qu'on a commis. Si nous avions simplement dit que nous allions faire des écoles, tout, dans la conception et l'exécution, aurait pris un tour plus pratique et plus modeste.

La ville de Lyon a dépensé une douzaine de millions à l'heure qu'il est ; il en faut autant, sinon plus, pour construire les écoles qui manquent encore ; or, il est prouvé que la moitié de la somme eût suffi pour mener à bien cette œuvre. Si, toutefois, on tenait à ne pas laisser dans la poche des contribuables ces douze millions qu'on pouvait économiser, ne pensez-vous pas qu'il eût été préférable de les affecter à l'amélioration du sort des instituteurs ?

Un argument souvent invoqué, c'est celui du prestige dont il est bon d'entourer l'enseignement primaire. Mais alors nous faisons bon marché du prestige de nos institutions municipales et de la justice, en laissant nos mairies et nos justices de paix installées comme des agences d'affaires ou de vulgaires magasins. Pendant que nous étions en train de brasser les millions, il eût été habile de ménager une part à nos services municipaux et de mettre au moins les magistrats de la cité sous le même toit que les maîtres d'école.

Savoir dépenser l'argent est un grand art qui n'appartient pas au premier venu ! Nos jeunes administrations ne paraissent nullement avoir reçu ce don, et les bâtiments qu'on élève pour la préfecture du Rhône en fournissent une preuve de plus.

Je laisse de côté l'idée singulière de l'avoir placée aux confins extrêmes du département, sur un terrain annexé, que l'histoire et la géographie nous contestent. Mais personne n'admettra qu'un monument de cette importance soit bâti sur un derrière et n'ait pu trouver une place plus en vue. Je crains qu'il ne faille créer aux barrières un service spécial de plantons pour conduire les étrangers à la préfecture du Rhône.

Allons, Lyonnais mes frères, nous sommes fiers de posséder trente-six kilomètres de quais dont une moitié au moins offre les plus beaux emplacements de monde. Et nous n'avons pas su découvrir un coin de cent mètres pour y développer la façade principale d'un des principaux monuments de la ville !

Vous verrez qu'un jour il se trouvera quelqu'un pour proposer d'abattre les îlots de maisons qui séparent la nouvelle préfecture du quai du Rhône, quand il eût été si simple de commencer par là et de mettre les bâtiments tout de suite où ils devaient être.

**

C'est d'ailleurs par les dégagements que pêche en beaucoup de points la ville nouvelle. A part les cours Morand et Gambetta, les larges voies aboutissant aux ponts manquent totalement. On a tracé des avenues nombreuses du nord au midi, mais les percées dans l'autre sens ont été à peu près négligées.

En dépit de son titre prétentieux, le cours Lafayette a l'honnête largeur d'une rue de second ordre. Quant aux débouchés du pont de l'Hôtel-Dieu, ils se présentent sous forme de labyrinthe. Pour ma part, j'hésite toujours avant de me décider à enfiler à droite ou à gauche. Prendre en face, il ne faut pas y songer.

Ouvrir des voies ou doubler la largeur de celles qui existent n'est pas la seule nécessité qui s'imposera. Il faudra déplacer l'immense établissement militaire de la Part-Dieu. Le remblai des fossés d'enceinte, maintenant inutiles pour la défense de la place, va permettre la création de tout un quartier nouveau ; mais les casernes, comme la gare de Perrache, rompent les communications et sont un obstacle fâcheux au développement de la vie et du mouvement.

Lorsque vous dépassez la limite artificielle que le génie militaire avait donnée à ce côté de la ville, vous rencontrez un pêle-mêle d'usines à cheminées gigantesques et de jardinets bourgeois, de logements ouvriers et de coquettes villas.

Vous vous trouvez dans un pays vague qui n'est ni le faubourg ni la campagne et qui échappe au classement, même au point de vue administratif. Il faut être du quartier pour savoir quelles sont les parties qui relèvent de la municipalité lyonnaise ou des communes limitrophes, du diocèse de Lyon ou de celui de Grenoble. C'est un peu comme ces territoires peu connus et imparfaitement délimités du Nouveau-Monde, que la civilisation envahit pied à pied.

Aux confins des terres habitées, se trouve une des nécropoles lyonnaises, avec son entourage obligé de cabarets et de vides-bouteilles. C'est dans le peuple que se perpétuent le mieux les coutumes et traditions : le festin funèbre s'y accomplit encore, comme au temps où se bâtissaient les tombeaux de Trion, dont le sol recèle d'innombrables débris des repas sacrés, et, comme chez les anciens Romains, on porte encore derrière le cercueil, l'écusson noir où se lit en lettres blanches le nom et l'âge du défunt.

Plus d'un qui s'étonne de cette coutume si pratique et qui n'y voit qu'une mode surannée, n'en continue pas moins à faire sculpter, sur la tombe des siens, une urne recouverte d'un voile, alors que, depuis quinze cents ans, on n'incinère plus les morts. Tant il est vrai que les symboles constituent un alphabet qu'il est difficile à l'humanité de modifier, encore plus de désapprendre.

ALLONS AU BROTEAU

Cela se chantait, du temps que les Lyonnais faisaient leurs chansons. Elles n'étaient pas très variées, ces vénérables chansons, mais nul ne songeait alors à les traiter de rengaines — pas plus que personne s'avisât de rire, lorsqu'une de nos grands-mères enfilait sa robe de noce pour marier une de ses filles.

De nos jours, la coupe et la couleur des robes changent tous les trois mois. Puis avec le bulletin des modes décrétées par quelques douzaines de Parisiens, il nous arrive une ineptie rimée qu'il n'est pas permis d'ignorer, sous peine de passer pour un paysan du Rhône.

Mais si l'on ne chante plus : « Allons au Broteau », on y va plus que jamais, et Lyon risque même d'y passer tout entier et sans retour. Faisons donc comme tout le monde, me permettant toutefois, de vous énoncer pourquoi je suis réfractaire à l'orthographe en ne doublant pas le *t* de Broteaux.

J'accepte l'*x*, signe d'un pluriel justifié : il y avait plusieurs broteaux. Mais, pour le reste, il convient de s'en référer à l'étymologie qui ne fait point doute. Le mot vient de « brot, broter », forme des dialectes d'oc pour le français brout, brouter ; par conséquent, broteau doit s'écrire avec un seul *t*.

C'était, d'ailleurs, l'orthographe anciennement usitée, et il faut presque arriver à la seconde moitié du siècle pour trouver le redoublement de la dentale. A vrai dire, le mot a été longtemps à prendre rang dans la langue officielle. Sous la Révolution, la plaine au-delà du pont Morand est toujours qualifiée de plaine du Grand-Camp. Mais les anciens almanachs et les écrivains, depuis Cochard jusqu'à Montfalcon, écrivent Broteaux conformément à l'étymologie. Que l'édilité rende donc à ce mot l'orthographe indiquée par son premier état civil.

Il n'en reste plus grand chose du vieux dialecte lyonnais, dégénéré en grossier patois. Comme tout ce qui touche à notre ville, il avait quelque chose de spécial, inclinant vers la langue d'oc, mais s'en tenant pourtant à distance, en beaucoup de points. Quand, du reste, se mettra-t-on jamais d'accord pour dire si Lyon appartient au Nord ou au Midi ?

En 1326, au cours d'un procès que soutenaient les religieuses de la Déserte, il y eut lieu de rechercher si Lyon était de langue d'oc ou d'oïl, parce que la jurisprudence pouvait varier suivant le cas. Les témoins déposèrent que Lyon avait toujours été réputé de langue d'oc : « *Est reputatum de linguâ hoquatinâ seu de linguâ de hoc.* »

Ce qui caractérise le dialecte lyonnais, c'est une quantité de mots tenant à la haute latinité, quand le français, le provençal et les langues romanes ont surtout emprunté leurs vocables au bas latin. Ainsi j'entendais, pas plus loin que l'an dernier, un paysan de la vallée de l'Azergues parler de « *secourre lo fromento* », ce qui est du pur latin : *subculture frumentum*. Comparez cela à « battre le blé », formé de mots quasi-barbares. La terre, disait-il encore, faisant allusion à la sécheresse « *manquo d'humoro* ».

Voilà une bien longue digression, et il n'est que temps, sans perdre encore deux minutes à chercher une transition, de reprendre le chemin des Broteaux.

Le pont Morand, construit en 1774, s'est appelé d'abord « le Pont de Bois », et aussi « Pont Saint-Clair », du nom du Port Saint-Clair qui s'étendait en amont, du côté de Lyon.

Le nouveau pont avait été, dès sa jeunesse, condamné par les oracles du temps à une courte existence. Il a vécu plus que centenaire, et, nous jetant dans une opinion diamétralement opposée, nous étions arrivés à croire à sa durée indéfinie. On répétait bien, depuis vingt ans, qu'il menaçait ruine, qu'il fallait aviser; mais tout cela sans s'émouvoir en réalité, et j'avais comme une idée que le pont Morand mourrait de sa belle mort, c'est-à-dire en plein exercice de ses fonctions, portant loyalement son contingent de véhicules et de piétons.

En attendant qu'un pont monumental, digne du Lyon futur, ait remplacé l'œuvre hardie de Morand, prenons la passerelle provisoire et suivons la foule. Aussi bien, c'est ici un des deux ou trois points d'où Lyon apparaît vraiment grande ville. Rue de la République, par exemple, le décor est beau, mais les figurants et les accessoires, — je veux dire : les passants et les voitures — ne sont pas toujours en nombre suffisant. Ici, au contraire, le tableau s'offre complet. Il n'est pas jusqu'au fleuve géant qui n'anime la scène et ne mêle sa voix aux bruits de la cité.

En cinquante années, le quartier des Broteaux a passé de l'état de nature à celui où nous le voyons à présent. Les lônes se sont comblées, les prés et les saulées ont cédé la place à une ville de cent mille habitants, sans que les Broteaux aient, comme la Guillotière, subi cette série de lentes transformations qui, d'un premier groupe de maisons, font un faubourg, puis une partie intégrante de la métropole.

C'est vers la fin de la Restauration que le poussin commença à briser sa coquille. Ce ne dut pas être à la vive satisfaction des habitants de la rive droite, privés ainsi du gracieux panorama que formaient les prairies coupées par des filets d'eau, des haies et des bouquets d'arbres. Tout au fond, se déroulait la chaîne dentelée des Alpes au front blanc.

En ces temps pré-historiques, des frères de l'Hôtel-Dieu, ceints d'un tablier bleu à poche profonde, étaient préposés au péage du pont Morand ; car il en coûtait deux liards au piéton pour traverser le Rhône.

Je ne puis employer d'autre mot que « liard » pour exprimer les divisions du sou, les centimes n'ayant jamais eu droit de cité à Lyon. Au temps où cette modeste monnaie n'était pas encore passée à l'état de quantité négligeable, je vous aurais mis au défi de vous faire donner cinq pièces d'un centime pour un sou : les centimes étaient élevés à la dignité de liards.

Aussi, le péage légal étant fixé à deux centimes et demi — un drôle de compte! — et les préposés ne rendant que deux centimes au passant qui leur remettait un sou, il y eut, à diverses reprises, de chaudes réclamations et même des menaces de procès pour excès de perception. Si bien que, pour sortir d'une difficulté inextricable, l'administration finit par ne plus rendre d'autre monnaie qu'un billet valant naturellement deux centimes et demi. Les billets d'aller et retour étaient déjà trouvés !

Au sortir du pont, vous vous trouvez à l'entrée d'une chaussée qui ne pouvait manquer de sembler démesurément large aux habitants de la rue Mulet ou de la place du Plâtre. Aussi, quand le développement du nouveau quartier nécessita le prolongement du cours Morand, les ingénieurs s'empressèrent d'enrayer ce gaspillage de terrain et de rétrécir la chaussée. Depuis, ils ont reconnu leurs torts ; mais, comme le cours est à peu près complètement bâti, c'est dans un siècle ou deux que nos descendants auront un alignement général.

Des traiteurs, des guinguettes et des jeux de boules, c'est à peu près ce qu'on trouvait aux Broteaux; on n'y allait, d'ailleurs, pas chercher autre chose. Il y avait, chaque dimanche, fête en permanence, et le promeneur n'avait que l'embarras du choix. L'*Elysée lyonnais,* les *Montagnes*

1780
Billet
du Pont Morand.

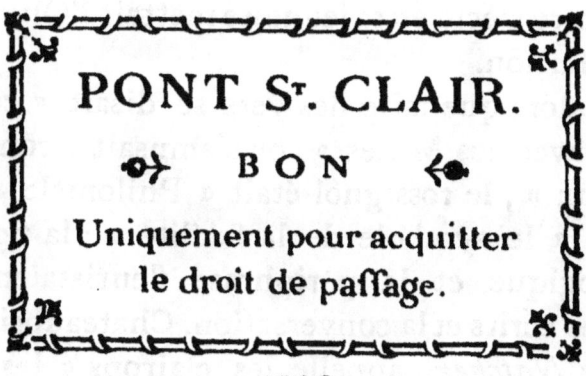

1792
Billet
du Pont Morand.

françaises, les *Jardins d'Idalie*, les *Bosquets de Paphos*, tout autant de noms qui réveillent de lointains et jeunes échos dans l'esprit des contemporains survivants ! Si la mémoire faisait défaut à quelqu'un d'eux, il n'a qu'à revoir le charmant tableau qu'en a tracé un maître ès choses lyonnaises, le doctissime et vérissime Nizier du Puitspelu.

Pour ma part, je regrette surtout les enseignes. Nous n'en n'avons presque plus, au sens ancien du mot. Chaque maître d'établissement impose son propre nom à sa maison, et le successeur s'empresse généralement d'y substituer le sien. Si, d'aventure, le public donne un surnom à l'établissement, c'est quelque sobriquet malsonnant, comme l'*Assommoir*.

Au temps jadis, les hôtelleries portaient des vocables empruntés au calendrier ou à l'armorial ; puis sont venus les noms tirés de la géographie ; enfin, notre siècle en sa jeunesse mettait l'Olympe à contribution.

C'est alors que faire des vers se disait « commercer avec les Muses » ; on s'amusait « comme des Dieux » ; le rossignol était « Philomèle », et le chien « le symbole de la fidélité » ; la figure mythologique et la périphrase fleurissaient à l'envi les écrits et la conversation. Chateaubriant, dans ses *Natchez*, appelle les clairons « les fils d'Eole », les tambours « des caisses d'airain que recouvre la peau de l'onagre », les bombes « les foudres de Bellone », et le fusil « un tube enflammé, surmonté du glaive de Bayonne ».

Je comprends que les lectrices de cette prose épique et olympique devaient rêver d'une contredanse dans les jardins d'Idalie ou d'un goûter à l'ombre des bosquets de Paphos. Comme a dit un poète, raillant gentiment cette langue surannée, et auquel, madame, en vue de l'intention, vous pardonnerez la méchanceté du trait final :

> Elise avait alors des appas et des charmes,
> Du rouge, une pudeur accessible aux alarmes.
> Des choses qu'on n'a plus !

*
* *

De leurs destinées premières, il est resté aux Broteaux des jeux de boules et quelques restaurants « pour noces et repas de corps. » A diverses époques, on y a bâti des salles de danse : Jardin d'hiver, Alcazar, Rotonde, Folies-Bergère ; mais les deux premiers de ces établissements ont cédé la place à d'autres constructions, le troisième va tomber sous la pioche, et le dernier est à peu près uniquement pratiqué comme lieu de réunion politique.

Nulle part les boules ne sont en honneur autant que chez nous ; on les rencontre au château comme à la guinguette. Ce qui nous distingue des joueurs des autres pays, c'est le « tir en place » — formule elliptique, rapide comme l'action qu'elle exprime, et qui, vous le savez, signifie tirer la boule de son adversaire, l'enlever et prendre exactement sa place.

Bien à tort, à mon sens, d'aucuns cherchent à opposer aux boules l'exercice du ballon, le *foot ball* des Anglais. Le ballon a le défaut grave de priver les joueurs du concours des dames et d'interdire à peu près toute conversation. Quant au *lawn tenis* et au croquet, ce sont amusettes à l'usage des gens qui veulent rester gantés et ne point se défriser.

Les boules partagent avec les échecs le privilège de n'avoir jamais causé la ruine de personne. On joue pour jouer, le gain ne tient aucune place dans le culte que leur vouent les plus ardents, et nulle femme ne me contredira si j'affirme que les boules sont vraiment aimées pour elles-mêmes.

Il est encore un divertissement qui eut ses fanatiques, mais sans qu'ils y prissent une part active — et, cette fois, les dames sont hors de cause : car je veux parler de la lutte.

O murs aujourd'hui tombés du Jardin d'hiver et de l'Alcazar ! les Lyonnais pourront oublier les solos que vous avez répercutés et les quadrilles délirants que vous avez vus, mais tant qu'il survivra un spectateur des luttes, une voix s'élèvera pour en perpétuer la mémoire.

C'était une épopée, d'un bout à l'autre, depuis l'annonce du spectacle jusqu'au dernier engagement des lutteurs. Dans une langue dont il a emporté le secret, Rossignol-Rollin convoquait chaque dimanche la foule, au moyen d'immenses affiches : « Lyonnais je vous aime... Une bannière au vainqueur... Sur les roses, messieurs... J'en appelle au peuple... Lyonnais, il y a du muscle dans l'air... »

Quant à ses champions, c'était Crest, le Taureau de la Provence, Faouët, le Lutteur fauve — il était brun, Rivoire, le terrible Athlète, Alphonse, le Rempart de la Croix-Rousse, Blas, le Dernier lutteur du monde, et le pâtre Etienne, et l'Ours du Mont-Ventoux, et l'Arracheur de garance, et le Colosse de la Savoie, et

Multi quos fama obscura recondit.

Un de mes amis appelait ces luttes : l'éloquence de la chair. C'était vraiment beau comme l'antique, et l'on y trouvait le « tout Lyon » des solennités artistiques. A qui s'étonnerait qu'une entreprise de ce genre ait pu rallier, chaque hiver, un public d'amateurs d'élite, je répondrais que les plus affinés des Grecs ne dédaignaient point les luttes olympiques. Si le spectacle n'avait plus la même ampleur et la même solennité qu'à Olympie, il n'en faut accuser que la dureté des temps.

Mais que de beaux prolégomènes en style pharamineux, que de commentaires épiques sur les coups vaillamment portés et sur les passes douteuses! que de lazzis intraduisibles et d'interpellations désopilantes ! Le tout, sous la présidence d'Exbrayat, en habit noir, la poitrine chamarrée de décorations très authentiques.

Rossignol-Rollin qui en appelait au peuple, aurait pu aussi en appeler à la postérité. Car si le surnom donné à Blas — le dernier lutteur du monde — amena plus d'un sourire sur des lèvres sceptiques et parut alors le comble de l'outrecuidance, c'était une appellation toute prophétique.

Avec Blas prit fin la carrière de Rossignol. Les héros, semblables aux généraux d'Alexandre, essayèrent en vain de se partager son empire ; aucun d'eux ne réussit à enchaîner la fortune ; la lutte avait eu ses derniers beaux jours. J'entends la lutte, comme nous l'avons connue il y a trente ans, avec sa littérature spéciale, ses virtuoses et ses dilettantes.

Le territoire des Broteaux offre cette particularité qu'il ne s'y trouve aucun vestige ni tradition d'ancienne église ou d'oratoire ; il est essentiellement laïque dans ses origines. Il devrait donc ne s'y rencontrer aucun cimetière. Mais il est difficile aux hommes de bâtir quoi que ce soit sans emprunter les fondations à quelque tombe.

S'il n'existe pas d'enclos portant le nom de cimetière, le plus ancien monument des Broteaux n'en est pas moins un monument funèbre. Les restes de plusieurs centaines de nos compatriotes y dorment l'éternel sommeil.

Ces victimes du siège de Lyon, vainement a-t-on cherché à les transformer en champions d'un drapeau politique. Ils sont tombés pour la cause lyonnaise, la même que défendaient les preux de la Cinquantaine, la cause qui eut de tout temps le don de passionner nos aïeux et qui fait encore vibrer plus d'un écho secret dans nos esprits si bien façonnés pourtant par la centralisation contemporaine.

D'ailleurs, Louis XVIII — un malin — ne fut jamais dupe du sens qu'on voulut donner à la résistance de Lyon à la Convention. Il était d'usage constant, lorsqu'un souverain concédait un changement ou une addition dans les armes d'un particulier ou d'une ville, que l'ordonnance royale en mentionnât les motifs. Or le texte, autorisant la ville de Lyon à mettre un glaive dans la patte dextre du lion de son écu, est absolument muet sur les causes de cette addition.

Le sentiment municipal — pour ne pas l'appeler communaliste — est tellement inné en nous que nous le subissons d'une façon inconsciente. Combien de Lyonnais savaient donc, il y a peu d'années encore, que leur ville natale avait eu.

jusqu'à la Révolution, un régime à part entre toutes les communes françaises ? La tradition avait retenu peu de choses à ce sujet, et la plupart de nos pères, témoins de la chute de l'ancien ordre municipal, n'en avaient pas même gardé une vague notion. Encore maintenant, c'est une révélation pour nombre de gens lorsqu'on leur fait un tableau de l'ancienne constitution lyonnaise.

Le caractère propre à notre ville n'est donc pas affaire d'éducation, et le plus remarquable, c'est que les enfants d'adoption de Lyon ne sont pas moins passionnés que les natifs pour la défense de ce qui touche à la cité. L'esprit lyonnais se respire avec nos brouillards : on peut ne pas prendre l'accent; impossible de se défendre de l'esprit local.

Précy qui dirigea la résistance de Lyon n'était pas lyonnais. Ce n'était pas davantage un grand seigneur : il appartenait à cette petite noblesse, confinant à la bonne bourgeoisie et qui poursuivait avec elle l'institution d'un régime semblable au gouvernement anglais. Cette classe nombreuse de Français n'était certes pas républicaine, mais, pour sûr, pas davantage royaliste dans le sens qu'on essaie de donner à ce mot.

Précy se montra à la hauteur de sa tâche et combattit vaillamment. Aussi n'est-ce pas pour mettre en doute son courage, mais simplement à titre anecdotique, que je rappellerai un petit fait.

Cela se passait lors de la pose, par le comte d'Artois, de la première pierre du monument des Broteaux.

On avait réuni, à cette occasion, les survivants du siège. Parmi eux s'en trouvait un, homme déjà mûr, comme Précy, en 1793, et, comme lui, vieillard en 1814. Il était accompagné de son fils, de qui je tiens l'anecdote.

« Eh! bien, lui dit Précy en parcourant les rangs et lui donnant à son tour une poignée de main, tu ne reconnais pas ton ancien général ? — Si je vous reconnais! répondit le vétéran piqué. Mais je me rappelle, comme d'hier, lorsque les conventionnels nous poursuivaient dans les bois de Roche-Cardon et que vous mettiez vos épaulettes de général dans votre poche, afin de n'être pas reconnu ! »

***

C'est une loi générale que les grandes villes tendent à se développer de l'est au couchant. Lyon fait exception; il a rencontré à l'ouest des obstacles naturels, et sa constitution géographique le pousse du côté du levant.

Dans les quartiers neufs, les constructions, comme les invités dans un salon de parvenu, sont toujours plus mêlées qu'ailleurs. Vous rencontrez aux Broteaux de magnifiques habitations, coudoyées par d'ignobles baraques. Il y a des lacunes criardes et des solutions de continuité pénibles pour l'œil et pour l'esprit. Quoi qu'on dise et fasse, pendant longtemps il se trouvera des Lyonnais pour qui Lyon finira au Rhône et qui croiraient s'expatrier en transportant leurs pénates sur la rive gauche.

Jusqu'à présent, l'administration municipale s'est montrée chiche de monuments à l'égard des Broteaux, réservant ses faveurs pour la Guillotière : facultés, préfecture, palais scolaires.

Quant aux édifices religieux, la description en est bientôt faite. L'église Saint-Pothin, première en date, éveille l'idée de ces constructions enfantines que les écoliers obtiennent en étageant des cubes et des polygones de bois. Déplacez quelques pièces et vous aurez, à volonté, un marché, un théâtre, un embarcadère ou une mairie.

La Rédemption, pour sûr, a plus de style; mais on y accède par un escalier raide comme une échelle de meunier, et les belles paroissiennes, en le gravissant, doivent éprouver un peu de l'impression qui fit donner par leurs aïeules son ancien nom à la montée des Chazaux.

Sur le quai, les protestants ont élevé un temple, et, à quelque distance en amont, les anglicans ont aussi leur chapelle; celui-là, froid et correct, ainsi qu'il convient à des non-ritualistes, celle-ci, d'un gothique de fantaisie, aux irrégularités voulues, à la porte trop basse, au pignon trop haut, architecture de convention chère à des cœurs anglais.

C'est encore sur le quai que nous rencontrons le lycée des filles. Que de paroles ont été dites pour et contre ce genre d'établissement ! Cela se comprend, car il y a beaucoup à dire pour et contre. Il est vrai que de nouvelles nécessités sociales imposent à la femme une instruction plus positive et une éducation plus défensive, mais il n'est pas moins vrai qu'on risque de la « dessexuer » suivant le mot de Shakespeare.

En effet, par quoi l'homme diffère-t-il de la brute ? Bien des réponses ont été données à cette question et chaque philosophie a sa formule. Un jour que, plaisantant avec un enfant, qui jouait avec des coccinelles, je lui disais que les petits garçons sont, eux aussi, des bêtes à bon Dieu, il me fut répondu : « Oh ! non. D'abord, les bêtes n'ont pas de mollets. » Cette définition en vaut bien une autre. Il est, d'ailleurs, à remarquer que le mollet est un fruit de la civilisation et qu'il s'atténue à mesure que l'on descend l'échelle des races humaines. Le singe n'a pas de mollet.

Mais je suis certain d'avoir pour moi la plus belle moitié du genre humain — et les philosophes, par surcroît — quand j'affirmerai que ce qui distingue l'homme de la brute, c'est la femme. Il n'est pas de système naturaliste ou spiritualiste qui ne s'accommode de ma formule.

Chez les animaux, la femelle n'a qu'un sexe physique. Seule, la femme a reçu un sexe moral et intellectuel, et c'est ce dont il faut se garder de la déposséder, sous peine de n'avoir plus, dans nos sociétés futures, que des hommes-mâles et des hommes-femelles. Voyez, du reste, ce que produit, dans l'ordre social inférieur, la parité des fonctions entre les deux sexes. J'estime que la femme n'est pas plus faite pour porter certains fardeaux intellectuels que certains fardeaux matériels.

Dans l'une comme dans l'autre besogne, tout excès lui enlève une partie de sa grâce innée. Au moins, la malheureuse qui travaille dans les mines en Belgique, celle qui tire la charrette dans nos rues, celle qui monte les pierres aux maçons en Autriche, gardent-elles le principal apanage de leur sexe et sont-elles presque toujours mères fécondes. Mais une courte expérience prouve déjà que les fatigues cérébrales tarissent chez la femme la source des joies augustes de la maternité.

Et voilà pourquoi je suis de ceux qui regardent comme autant d'erreurs l'assimilation des deux éducations, la conformité des programmes pour les garçons et les filles, le développement dans un sens purement scientifique des facultés de la femme et l'emploi de la méthode expérimentale qui en est le complément obligé. L'expérience pour la femme, c'est toujours hélas ! un peu l'histoire d'Ève et du serpent !

∗

En suivant le quai des Broteaux, nous atteignons l'entrée du parc de la Tête-d'Or. Il serait bien extraordinaire que, sous la longue allée que forme la double rangée de platanes, nous ne rencontrions pas quelques bancs de pierre cassés. C'est un plaisir cher aux voyous lyonnais de rompre les banquettes de pierre de Villebois, qu'une administration prévoyante a semées en grand nombre pour le repos des promeneurs.

A l'entrée du parc, deux monuments : à gauche, le monument commémoratif élevé aux légions du Rhône ; à droite, le musée Guimet dont le déménagement, au profit de la capitale, est annoncé depuis quatre ans. L'expérience nous enseigne qu'au fond de toute séparation, il n'y a souvent qu'un malentendu. Le musée Guimet et la ville de Lyon pourront, tous les deux, regretter un divorce qui ne profitera ni à l'un ni à l'autre.

Les étrangers nous ont longtemps plaisantés sur notre parc de la Tête-d'Or. Créé dans des saulées et des broussailles, il n'offrait d'abord qu'une médiocre végétation, et, pour s'y mettre à l'ombre, il fallait presque se coucher à plat ventre. Convenez qu'on a tiré beau parti de ce dernier lambeau des anciens Broteaux qui couvraient toute la rive gauche du fleuve, théâtre de toutes les anecdotes scandaleuses dont s'est défrayée la chronique lyonnaise, pendant des siècles.

« Ici, écrivait un auteur, sont des lieux solitaires, où l'on n'entend, dans le lointain, que le murmure des eaux, et autour de soi, que le ramage des oiseaux. » Témoins bavards mais discrets, les ruisseaux et les merles ne gênaient aucunement les faiseurs d'idylles. Cupidon, pour parler la langue du temps, prenait à l'aise ses ébats sous l'ombre mobile et légère des saules, pendant que Bacchus, dans les cabarets qui avoisinaient la ferme de la Tête-d'Or, rassemblait ses disciples autour « du saucisson et de la salade » traditionnels.

Plus anciennement ces bords du Rhône étaient fréquentés par les orpailleurs dont l'industrie, aujourd'hui abandonnée, consistait à tirer du fleuve les imperceptibles parcelles d'or qu'il roule dans ses sables. Il ne serait même pas impossible que le nom de Tête-d'Or fût celui d'une enseigne d'auberge où les orpailleurs se réunissaient de préférence.

Je ne sais, ami promeneur, si vous m'avez suivi jusqu'ici. Si oui, et puisque nous voici au terme de nos promenades à travers Lyon, plaçons-nous sur le point culminant où s'élevèrent les galeries de l'Exposition internationale de 1872. Après avoir donné un souvenir à cette entreprise avortée et qui méritait un sort meilleur, jetons un dernier regard d'ensemble sur cette ville que nous avons parcourue, en devisant un peu sur tout.

Sur la gauche, tout là-haut, c'est Fourvière, les pieds dans les décombres de la cité romaine, dominant la ville des Burgondes et des archevêques. Là, c'est la Croix-Rousse, arsenal industriel dont les ateliers étagés enfantent ces produits qui ont conquis le monde et nous ont valu trois siècles de domination incontestée. Au bas de la Croix-Rousse et au-devant de Fourvière, s'étend l'immense delta où la cité bourgeoise a dressé ses magasins, sur l'emplacement des premiers établissements des nautes et de l'antique Condate.

Tout cela est notre patrimoine, c'est le legs de deux mille ans. Soixante générations nous ont précédés, ont peiné comme nous, aimé ce que nous aimons, pleuré aux mêmes déceptions et souri aux mêmes espoirs, puis se sont, l'une après l'autre, couchées dans le silence éternel, laissant à ceux qui suivaient un patrimoine sans cesse grossi par leur activité intelligente et laborieuse.

Lyon, vingt fois ruiné par la guerre ou l'incendie, vingt fois ravagé par la peste ou l'inondation, personnifie bien le génie du travail et de la ténacité. De même, il représente l'esprit de tradition, par le double attachement des citoyens à leurs institutions municipales et des fidèles aux rites et usages de leur église.

Notre caractère n'en est pas moins plein de contrastes. Un de nos compatriotes qui, dans les rares heures où il prend la plume, fait œuvre de maître comme il le fait en toutes choses, a dit du Lyonnais : « Homme du nord égaré dans le midi cœur chaud et tête froide, qui allie le rêve au réel, le mysticisme à l'activité, le chimérique au positif, le désintéressement et la charité à l'âpreté de l'intérêt. » Le portrait est parfait, sauf peut-être que le Lyonnais est plutôt un fils des pays lumineux égaré dans les brumes du Rhône.

Les Lyonnais, entendez-vous dire, ne sont pas belliqueux; mais ils ont pourtant montré, lors des luttes de la Cinquantaine, du siège de Lyon et de la guerre allemande, qu'ils savaient tenir une arme et tomber en héros. Ils se sont révélés de médiocres artistes, ajoute-t-on assez souvent; mais il faut bien convenir que Saint-Jean et l'Hôtel-de-Ville sont des manifestations d'une certaine valeur, et que nous avons su créer des livres, des meubles et des tissus qui n'ont pas de rivaux.

Malgré qu'on en ait, notre ville conserve une physionomie à part, dans ce siècle de nivellement et d'uniformité. Ce qui explique que les Lyonnais, partout ailleurs que chez eux, se sentent dépaysés.

En quittant Lyon, ils ne perdent point cependant les splendeurs ni les plaisirs d'une capitale; ils ne perdent ni la mer aux flots bleus, ni le voisinage des montagnes aux grands bois; ils perdent Lyon, et c'est assez, dit le proverbe, pour qu'ils perdent la raison.

Rira qui voudra de cet engouement, l'expliquera qui pourra. Le fait subsiste, et vous avez dû vous apercevoir, à la façon dont j'ai parlé au cours de nos promenades, que je ne suis pas le moins engoué des Lyonnais.

Fin

TABLE

	Pages
Préface..	1
Le Lion de l'ancienne rue Lanterne........................	1
D'un bout du Pont de Pierre à l'autre............	1
Vue prise du Café Neptune, d'après Hostein (1840)............	1
Le Pont de Pierre (hors texte) démoli en 1846.................	16
Saint-Nizier, d'après le tableau de Perlet (1832) Musée de Lyon....	25
Les deux Fourvière..................................	27
Aqueducs de Saint-Irénée, avant la construction du fort (1840), d'après Leymarie...	27
Tombeau de C. Turpio, fouilles de Trion.....................	43
La Chapelle de Fourvière, au commencement du siècle..........	56
Cloître de Saint-Jean et ses entours............	57
L'ancienne Manécanterie..................................	57
Un coin du Gourguillon, d'après un dessin de Paul St-Olive (1862).	72
Jusqu'à Vaise..	77
Les Carmes-Déchaux et Bourgneuf, d'après Hostein (1840)........	77
Le château de Pierre-Scize (hors texte), d'après le tableau de Dunouy, Musée de Lyon.....................................	88
L'Homme de la Roche, d'après une ancienne estampe..........	98
Église de l'Observance, démolie en 1849, d'après Hostein........	104

TABLE

	Pages
Autour de l'Hôtel-de-Ville................................	105
Façade orientale de l'Hôtel-de-Ville, d'après la gravure de Dubouchet	105
Le Rhône, de Coustou..	122
De la Platière aux Chartreux..............................	123
Coteau des Chartreux, d'après un dessin de Gabillot (1853)......	123
La Pêcherie (hors texte), d'après un tableau de Grobon, appartenant à M. Paul Grand................................	128
Portique du Palais Saint-Pierre, d'après Jacomin.................	130
La Tour Pitrat, démolie en 1874, d'après un dessin de Gabillot...	143
Croix-Rousse et Croix-Roussiens.........................	145
L'ancienne rue de la Citadelle, à la Croix-Rousse, d'après un dessin de Paul Saint-Olive (1853).................................	145
Eglise Saint-Denis, d'après un dessin de Gabillot (1869).........	153
Tourelle de la rue de Cuire, démolie en 1876.....................	169
De Saint-Clair aux Cordeliers.............................	171
Ancienne porte Saint-Clair, d'après une gravure de la Bibliothèque.	171
Le Grand-Séminaire, démoli en 1865...............................	185
Le Lyon qui s'en va...	187
Quai Bon-Rencontre, d'après un dessin de Gabillot (1850)........	187
Place des Cordeliers (hors texte), d'après un dessin de Fonville (1851), appartenant à M. Garcin..............................	192
Intérieur de cour, rue Mercière, 58, d'après un dessin de Leymarie.	203
Les Jacobins, démolis en 1810.......................................	215
Le Cheval de la rue Grenette enlevé en 1886	220
L'ancien et le nouveau Confluent........................	221
L'ancien Confluent d'Ainay..	221
Louis XIV, de Desjardins, d'après la gravure d'Audran...........	235
A l'ombre de l'Hôtel-Dieu..................................	237
L'entrée de l'Hôtel-Dieu, d'après Leymarie	237
Clocher de la Charité, d'après un dessin de Gabillot (1853)......	252
Le pont de la Guillotière et ses extensions.........	253
Partie du plan scénogaphique de Lyon au XVIe siècle............	253
Le Pont de la Guillotière (hors texte) d'après un tableau attribué à Van der Kabel (1680) appartenant à M. Guinard ..	253
Les Tournelles de Monplaisir, d'après un dessin de Paul St-Olive (1860)	999

	Pages
Allons au Broteau....	273
Le pont Morand, démoli en 1886	273
Fac-simile de billets du pont Morand, 1780 et 1792 (hors texte)...	278
Ferme de la Tête d'or, d'après Paul Saint-Olive (1844)	291
Plan de Lyon ancien, divisé en 28 quartiers, dressé et dessiné par C. Jacquemin (1747) (imprimé en noir).............	
Plan de Lyon moderne (imprimé en rouge).......	

ERRATUM. — Page 218, ligne 1re : *c'était en 1854,* lire : *1856.*

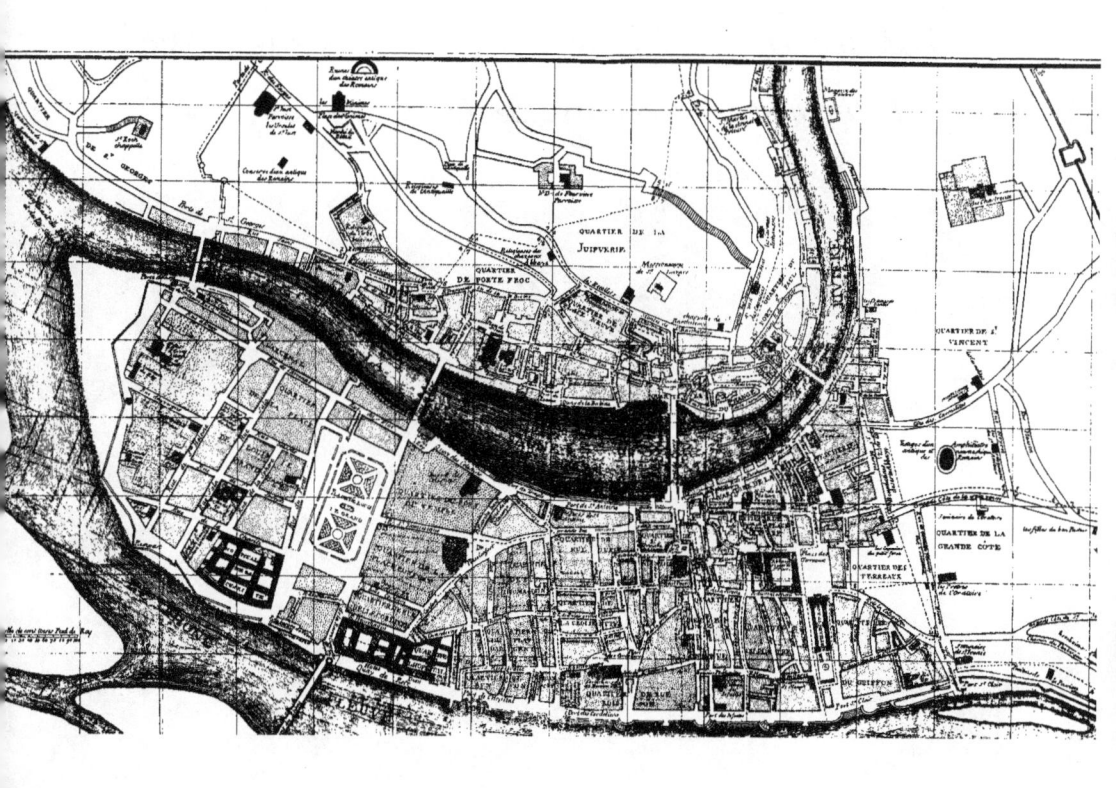

DU MÊME AUTEUR

A travers la France . . . . . . Georg (1883)

Petite histoire populaire de Lyon   Palud (1885)

www.ingramcontent.com/pod-product-compliance
Lightning Source LLC
Chambersburg PA
CBHW071258160426
43196CB00009B/1333